DAS THOMAS-EVANGELIUM

LEBEN AUS DEM EINEN UND GANZEN

EINE EINFÜHRUNG

ENTSTEHUNG

INHALT

TEXT

VON   REINHARD NORDSIECK

Impressum: **DAS THOMAS-EVANGELIUM**

LEBEN AUS DEM EINEN UND GANZEN

EINE EINFÜHRUNG: ENTSTEHUNG, INHALT UND TEXT

von Reinhard Nordsieck

4. Auflage 1. April 2023

Herausgeber : Hans-Jürgen Sträter

Herstellung und Verlag: BoD - Books on Demand, Norderstedt

ISBN: 97839748116899

Coverfoto: Reinhard Nordsieck

Weitere Bücher vom Herausgeber Hans-Jürgen Sträter finden Sie hier:

INHALT

Seite

I. ENTSTEHUNG

Das Thomas-Evangelium ist eine der faszinierendsten Schriften aus der Welt des frühesten Christentums. Es enthält nach eigenem Zeugnis echte Jesus-Worte und ist auch bei kritischer wissenschaftlicher Betrachtung sehr nahe am historischen Jesus. Es ist auch modernem religiösen Lebensgefühl überraschend verwandt und ist als Brücke der christlichen Religion zu den östlichen Religionen sehr hilfreich.
Das Thomas-Evangelium könnte einen Weg weisen zu einer spezifischen Selbstbildung der Menschen. Diese könnte sich in Freiheit und Selbstentfaltung der Menschen gemäß ihrer jeweiligen Bestimmumg ergeben und sich in der Zuwendung von Mensch zu Mensch und Gemeinschaft erfüllen. Damit wäre ein Weg gebahnt heraus aus unserer in zunehmender Selbstzerstörung begriffenen Welt hin zu einem neuen Leben der Menschen in Einheit und Ganzheit.

Im folgenden sollen zunächst die Bedingungen der Entstehung des Thomas-Evangeliums, deren Zeit und Ort angegeben und in kurzer Zusammenfassung der Inhalt des Thomas-Evangeliums dargestellt werden. Schließlich soll eine wissenschaftlich anerkannte Übersetzung mit von mir hinzugefügten Überschriften vorgelegt werden.

1. Im Jahr 1945 wurde in Nag Hammadi / Oberägypten von einem einheimischen Bauern der Codex II aus insgesamt 13 koptischen Papyrus-Codices aufgefunden, in dem u.a. das Thomas-Evangelium (EvThom) enthalten war. Dieser wird nach paläografischen, papyrologischen und sprachlichen Feststellungen auf ca. 350 - 400 n. C. datiert. Das EvThom ist in k o p - t i s c h e r Sprache verfasst, und zwar in sahidischem Dialekt mit achmimischen und subachmimischen Einschlägen. Es wird in der Unterschrift als „Evangelium nach Thomas" bezeichnet, wobei die Einleitung diesen Titel bestätigt.

Es ist anzunehmen, dass die gefundene Handschrift noch eine bedeutend ältere koptische Vorlage gehabt hat.

In den Jahren 1897 und 1903 wurden ferner von A.P. Grenfell und A.S. Hunt im mittelägyptischen Oxyrhynchos drei Papyri des Thomas-Evangeliums, die sog. Oxyrhynchos-Papyri (POxy) Nr. 654, Nr. 1 und Nr. 655 aufgefunden, die besonders aufgrund paläografischer Beobachtungen wiederum älter, nämlich auf ca. 200 - 250 n.C. zu datieren sind. Sie enthielten die Logien 1-7 (Nr. 654), 26-33, 77 S.2/3 (Nr. 1) und 24, 36-39 (Nr. 655) des EvThom, und zwar in g r i e c h i s c h e r Sprache, allerdings mit kleineren Abweichungen von der Fassung des EvThom aus Nag Hammadi. Diese muss danach aus einer vom Griechischen ins Koptische übersetzten Version herrühren.
Zwischen der griechischen und der koptischen Fassung des EvThom ist somit eine Entwicklung des Textes anzunehmen. Die textlichen Veränderungen vom griechischen zum koptischen Text sind freilich durchweg unbedeutend und wenig sinnver-ändernd. Es handelt sich im einzelnen um kleinere Zusätze, Auslassungen und inhaltliche Verschiebungen, wobei allerdings 3 wichtige Auslassungen bei den koptischen Log 4, 5 und 36 hervorstechen. Im übrigen weist die griechische POxy-Version, die gemäß ihrem Inhalt und ihrer Sprache aus der Zeit von ca. 100 - 140 n.C. stammen muss, auf noch frühere (schriftliche oder mündliche) Quellen hin, wie noch weiter auszuführen sein wird.

Sonstige Bezeugungen des EvThom kennen wir u.a. auch noch von den Kirchenvätern Hippolyt (ca. 160-235; Ref V 7, 20), der eine alternative Lesart von Log 4 zitiert, ferner von Origenes (ca. 185-253/4; Luc hom 1) und von Euseb (ca. 263-339; KG III 25,6). Sie nennen das EvThom unter den heterodoxen Evan-gelien, sind allerdings inhaltlich sonst wenig ergiebig.

Als weitere indirekte Bezeugungen kommen auch noch die Thomas-Akten (ActThom, ca 200-250), das Thomas-Buch (LibThom, von ähnlichem Alter) und die Pistis Sophia (PS, ca. 250-350) in Betracht; nach der letzteren hat Jesus speziell seinen Jüngern Philippus, Thomas und Matthäus befohlen, seine Reden aufzuschreiben.

2. Das Thomas-Evangelium hat, obwohl es in einer überwiegend gnostischen Codex - Sammlung gefunden wurde, nicht die Form später gnostischer Exegese (wie z.B. das Evangelium Veritatis, EvVer, ca. 150 n.C.) oder gnostischer Offenbarungsschriften (wie etwa das Apokryphon des Johannes, Apokr Joh). Es besitzt aber auch nicht die entwickelte Struktur der kanonischen Evangelien, weder die des um 100 - 110 entstandenen Johannes (Joh)-Evangeliums, noch die der früher, zwischen ca. 64 - 90 verfassten Synoptiker Markus (Mk), Matthäus (Mt) und Lukas (Lk). Es hat vielmehr die Form einer losen Aneinanderreihung von insgesamt 114 Jesus zugeschriebenen Aussprüchen, nämlich Logien (weisheitlichen und apokalyptischen Inhalts sowie Gesetzes- und Ich-Worte), Gleichnissen, Dialogen und kleinen, in einem Jesus-Wort gipfelnden Szenen, die in auffälliger A n a l o - g i e   z u r   s o g .   L o g i e n q u e l l e   d e r   S y n o p t i k e r (Q) steht, im weiteren Sinn auch zu anderen Spruchsammlungen wie den jüdischen „Sprüchen der Väter" Pirqe Abot, Samm-lungen jüdischer Weisheitsworte und Aussprüchen griechischer Philosophen, z.B. nach Diogenes Laertius. Die auf die Zeit um 40 - spätestens 70 zu datierende, aus dem Matthäus - und Lukas - Evangelium rekonstruierte Spruchsammlung Q, die wiederum wahrscheinlich aus mehreren später verbundenen kleineren Sammlungen nebst Hinzufügungen und Zusätzen zusammenge-setzt war, gilt nach herrschender Auffassung als die ä l t e s t e l i t e r a r i s c h e   G a t t u n g der evangelischen Über-lieferung.

Sie wird als Vorstufe zu den Synoptikern Matthäus und Lukas angesehen, die nach der allgemein vertretenen Zweiquellen-Theorie außerdem aus Markus und anderen Sonder-Quellen schöpften. Zur Vertiefung sei hier besonders auf die Forschungen von H. Köster und J.M. Robinson verwiesen.

Diese vorhandene Analogie zur synoptischen Spruchquelle Q wird noch dadurch erhärtet, dass mindestens 22 ganze und 18 Teil - Abschnitte im EvThom mit dem Spruchgut, das Q zugeschrieben wird, übereinstimmen. Dabei ist zudem bemerkenswert, dass besonders viele Q-Logien, die zur ältesten Schicht der Q zugrunde liegenden Sammlungen gerechnet werden, Parallelen zu EvThom-Sprüchen haben (nämlich Lk [Q] 6,20. 21. 22. 30. 39. 41f. 43ff zu Log 54; 69 S.2; 68/69 S.1; 95; 34; 26; 43 u. 45 S.1-4; Lk 9,57; 10,2. 8. 9 zu Log 86; 73; 14 S.4; Lk 11,9; 12,2f. 22ff. 33; 13,18ff zu Log 92/94; 5 S.2; 6 S.5; 33 S.1; 36; 76 S.3; 20 u. Lk 14,26f zu Log 55 u. 101). Allerdings sollte das letztere Argument nicht überbewertet werden, da die verschiedenen Schichten von Q (Q1, Q2, Q3; nach J.S. Kloppenborg) nicht völlig sicher abgrenzbar sind und überdies in verhältnismäßig kurzen Abständen entstanden sein können. Immerhin ist das EvThom aber auch deshalb der frühesten Schicht von Q ähnlich, weil diese ebenso wie das EvThom jedenfalls noch keine biografisch - historisierenden Elemente aufweist, die den späteren Schichten von Q angehören (vgl. etwa Lk [Q] 3,2ff; 4,1ff; 7,1ff; 11,14ff).

Eine Entsprechung besteht auch zu solchen Logiensammlungen, wie sie (jedenfalls teilweise) dem M a r k u s - Evangelium zugrunde liegen. Das ergibt sich deutlich aus der vielfach unverbundenen Aufreihung von Jesus-Worten in Mk 4,1-34, ferner Mk 8 und 9 (beide am Ende) sowie Mk 13. Auch diese Spruchsammlungen stehen in Analogie zum EvThom bzw. seinen Sammlungen.

Nahe stehen der Sammlung in Mk 4 etwa die Logien in EvThom 5,6 S.5 (Mk 4,22), 8 S.4 u.ö. (Mk 4,9/23), 9 (Mk 4,1ff), 20 (Mk 4,30ff), 21 S.9/10 (Mk 4,26ff), 33 S.2/3 (Mk 4,21), 41 (Mk 4,25), 62 (Mk 4,10ff).

Besonders bemerkenswert ist schließlich, dass im EvThom auch noch eine Reihe von Parallelen zu D o p p e l ü b e r l i e f e - r u n g e n vorliegen, die unabhängig voneinander in M k u n d Q vorhanden sind und diesen vorausliegen. Nämlich die Sprüche vom Haus des Starken (EvThom 35 = Mk 3,27 = Lk [Q] 11,21f), von der Sünde wider den heiligen Geist (EvThom 44 = Mk 3,28f = Lk 12,10), vom Licht unter dem Scheffel (EvThom 33 S.2/3 = Mk 4,21 = Lk 11,33), von der Offenbarung des Verborgenen (EvThom 5/6 S.5 = Mk 4,22 = Lk 12,2), vom Haben und Empfangen (EvThom 41 = Mk 4,25 = Lk 19,26), vom Senfkorn (EvThom 20 = Mk 4,30ff = Lk 13,18f), von der Aussendung der Jünger zur Krankenheilung (EvThom 14 = Mk 6,12 = Lk 10,9), von der Kreuzesnachfolge (EvThom 55 = Mk 8,34 = Lk 14,26f), von den Ersten und Letzten (EvThom 4 = Mk 10,31 = Lk 13,30), vom bergeversetzenden Glauben (EvThom 48/106 = Mk 11,23 = Lk 17,6), von der Spaltung unter Verwandten (EvThom 16 = Mk 13,12 = Lk 12,53), vom Kommen des Reichs Gottes (EvThom 113 = Mk 13,21 = Lk 17,23) und vom Vergehen der Welt (EvThom 11,111 = Mk 13,31 = Lk 16,17). Auch diese Parallelen, die mehr als die Hälfte aller überhaupt vorhandenen Doppel-überlieferungen von Mk und Q betreffen, belegen nachhaltig den hohen traditionellen Wert der Überlieferungen des EvThom.

3. Auf eine Herkunft des Thomas-Evangeliums aus Spruch-sammlungen sehr früher Datierung deutet ferner die Tatsache, dass dessen Sprüche nur einen losen strukturellen Gesamt-zusammenhang und in aller Regel auch k e i n e R a h m e n - e r z ä h l u n g oder einen sonstigen festen Kontext haben. Dergleichen kompositionelle Elemente gelten als spätere Ent-wicklungen, wie sie aus den Evangelien geläufig sind.

Ein Rahmen erscheint nur ansatzweise in Log 13, 22, 60, 61, 99, 113 und 114. Die Logien des EvThom sind vielmehr regelmäßig kurz und isoliert, nur gelegentlich länger, und mehrfach mit offenbar späteren Zusätzen versehen. Sie werden meist durch die Formulierung „Jesus sagte", „Er sagte", „Seine Jünger fragten ihn" o.ä. eingeleitet, manchmal aber auch ohne diese aneinander gereiht.

Sie sind noch nicht weit von der mündlichen Tradition entfernt. Das ergibt sich daraus, dass sie nirgends auf schriftliche Texte verweisen. Sie sagen nie: „wie geschrieben steht" (s. Mk 1,1; Mt 2,5; Lk 3,4) oder: „damit das Schriftwort erfüllt werde" (s. Joh 19,36 u.ä.). Wenn sie sich z.B. inhaltlich auf das Alte Testament berufen, geschieht dies ohne entsprechende Zitation (s. Log 66 beim Wort über den „Eckstein", i. Ggs. z. Mk 12,10-11, wo Ps 118,22 zitiert wird; s. ferner Log 21,S.9 über die „reife Ernte", i. Ggs. z. Mk 4,29, mit Bezugnahme auf Joel 3,13).

Außerdem sind die einzelnen Logien durchweg durch S t i c h - w o r t - Z u s a m m e n h ä n g e und Wort-Anklänge, manch- mal auch durch motivische bzw. inhaltliche Verknüpfungen miteinander verbunden. Da dies regelmäßig mnemotechnische Hilfsmittel sind, spricht das ebenfalls für frühe, der mündlichen Überlieferung nahe stehende Spruchsammlungen. Vgl. z.B. Log 1/2, die durch „finden" verbunden sind, 2/3 durch „Königsein", 3/4/5 durch „erkennen", 5/6 durch „Verborgenes", 6/7 durch „essen", 7/8 durch „Mensch", 8/9/10 durch „werfen", 10/11 durch den Weltuntergang, 11/12 durch „Himmel", 12/13 durch den „Gerechten", 13/14 durch den Gegensatz „berauschen / fasten", 14/15 durch „beten", 15/16 durch „Vater", 16/17 durch „Menschen" (gelegentlich zweifelhaft; nach Log 17 liegt eine Zäsur mit Stichwort-Abbruch vor). Dann folgt eine erneute Reihe von Stichwort-Zusammenhängen, evtl. von Log 20 bis 35. Hier ist ebenfalls ein stichwortmäßiger Einschnitt zu konsta- tieren.

Von Log 38 bis 48 und Log 51 bis 61 S.1 scheinen wegen entsprechender Einschnitte weitere Sammlungen vorzuliegen, die den Hauptteil der Q-Parallelen enthalten. Die folgenden Sammlungen könnten sich nach den Stichwort – Zusammen-hängen von Log 62 bis 76, Log 78 bis 82, Log 85 bis 113 erstrecken.

Diese Sammlungen haben freilich r u d i m e n t ä r e   k o m p o -s i t o r i s c h e   G e h a l t e , die sie als redaktionell zusammengehörig erscheinen lassen, so z.B. vom „Suchen und Finden des Reichs Gottes" (Log 2 - 17), vom „Anbruch des Reichs Gottes in und gegenüber der Welt" (Log 20 - 35), vom „Inhalt der Jüngerschaft im Reich Gottes" usw. Ihre Schnitt-punkte sind inhaltlich dadurch zu kennzeichnen, dass hier vermutlich spätere Stücke mit entwickelterem theologischen Charakter eingefügt worden sind, zwecks nachträglicher Interpretation und Überformung des ursprünglichen Tradi-tionsguts (z.B. Log 1, 18/19, 36/37, 49/50, 61, 77, 83/84, 114).
Die genannten (Haupt-) Sammlungen enthalten wiederum noch kleinere, aus meist 2, 3, 4 oder mehr zusammenhängenden Logien bestehende (Einzel-) Sammlungen (also Spruch-Paare, z.B. Log 2/3, 6/7, 8/9, 10/11, 12/13, 14/15, 16/17, 20/21 usw., Spruch-Gruppen bzw. -Reihen, z.B. Log 2-5, 6-9, 10-17, 20-23, 24-27, 28-31 usw., und strukturierte Kompositionen, s. evtl. 2-9, 10-17, 20-27 usw., deren kompositorische Zusammenstellung jeweils ebenfalls Verkündigungs-Interessen dient). Die zugrunde liegenden Einzel-Logien weisen außerdem noch gelegentlich (frühere oder spätere) redaktionelle Zusätze und Anhängsel auf, gleichfalls zum Zweck der Interpretation oder zur besonderen Charakterisierung der Worte.

Für das Vorliegen dieser mehreren Sammlungen spricht ferner das häufige Vorkommen von (ganzen oder teilweisen) D u b -l e t t e n . So in Log 11 S.1.2/111 S.1.2, 21 S.5/103, 41/70, 55/101, 56/80, 81/110, im weiteren Sinn auch in Log 2/92/94, 3/51/113, 38 S.1/92 S.2, 22 S.4ff/48/106, 87/112.

Bemerkenswert ist, dass zum Ende des EvThom hin die Dubletten auffällig zunehmen; diese scheinen theologisch oft auch weiter entwickelt zu sein. Auch andere Eigenarten zeigen sich in den letzten Sammlungen: Der Weckruf lautet in Log 8,21,24: „Wer Ohren hat zu hören, soll hören", dagegen in Log 63,65,96: „Wer Ohren hat, soll hören". Das Reich Gottes heißt in Log 3,20,54: „Reich der Himmel", in Log 57,76,96,97,98,99,113: „Reich des Vaters"; im übrigen kommt auch einfach „Reich" vor. Auch diese Besonderheiten verstärken die Wahrscheinlichkeit, dass mehrere Sammlungen von Logien vorliegen, die wohl nach und nach entstanden und miteinander verknüpft worden sind.

Die Dubletten sind insgesamt charakteristische Anzeichen dafür, dass verschiedene Überlieferungen und daraus gespeiste Sammlungen über ein und dasselbe Wort anzunehmen sind. Sie sind offenbar später, evtl. wegen sekundärer Veränderungen, vom Bearbeiter bzw. Endredaktor nicht als solche erkannt worden und im Gesamtbestand aus verschiedenen redaktionellen Gründen verblieben. Manchmal werden sie von Forschern auch für rhetorische Konstruktionen gehalten, das beleuchtet jedoch nur einen Teilaspekt von ihnen und wird ihrer Traditionsgeschichte insgesamt nicht gerecht.

Zusammengefasst liegt bei allen genannten Aspekten eine Verwandtschaft des EvThom mit der Spruchquelle Q vor, bei der ebenfalls dürftige Rahmung, Stichwort - Zusammenhänge und Dubletten vorkommen. Auch die kompositorische Gestaltung der Spruchquelle Q folgt ähnlichen Gesetzmäßigkeiten. Weiterhin sind Umfang und Inhalt von Q durchaus hinreichend bestimmbar. Die Tatsache, dass die Logien des EvThom (im Gegensatz zu Q) regelmäßig mit „Jesus sagte" o.ä. eingeleitet sind, ist ohne Bedeutung, da vermutlich auch bei Q solche Markierungen ursprünglich vorhanden waren, aber später bei der Aufnahme in die Evangelien fortgefallen sind.

4. Das EvThom kann n i c h t als später Auszug aus den S y - n o p t i k e r n zuzüglich anderer Quellen wie dem Johannes-Evangelium oder apokryphen Evangelien angesehen werden. Das folgt daraus, dass insbesondere die den synoptischen Evangelien entsprechenden Stücke zum größten Teil keine Anzeichen der speziellen redaktionellen Arbeit der Evangelisten zeigen, wie sich bei den Logien im einzelnen nachweisen lässt. Außerdem sind die Stücke im EvThom so verstreut, als kämen sie „aus einer Pfefferdose" (so Wilson). Sie ermangeln der Reihenfolge in den Evangelien, aber auch derjenigen in Q oder dem synoptischen Sondergut. Sie entbehren ferner in der Regel eine gezielte (etwa stilisierende oder gar mystifizierende) inhaltliche Abänderung. Diese Stellen haben auch keineswegs den Charakter einer nachträglichen Bearbeitung der Synoptiker oder des JohEv; denn auch deren Aufbaustrukturen fehlen noch völlig. Es sind auch keine sinnvollen Harmonisierungen synoptischer Stellen, sondern (manchmal) Vermischungen von Logien, die typisch sind für vorliterarische Spruchsammlungen. Die im EvThom vorliegende Aneinanderreihung von solchen Einzelsprüchen macht vielmehr manchmal sogar noch einen archaischeren Eindruck als Q. Somit spricht alles dafür, dass diese Stücke grundsätzlich aus einer selbstständigen und zwar möglicherweise auch manchmal älteren Tradition als die synoptischen Evangelien stammen, von einigen wenigen nach-getragenen Stücken wie bei Log 5,14,55, abgesehen, die wohl zur späteren Angleichung an die Synoptiker hinzugefügt wurden (vgl. bes. die Forschungen von J.H. Sieber u. S.J. Patterson).
Anderer Meinung ist insofern besonders W. Schrage (und im Anschluss an ihn der Kommentar von M. Fieger): Er will besonders beweisen, dass die koptische Übersetzung des EvThom mit den koptischen Evangelien-Übersetzungen weithin übereinstimmt. Allerdings sind diese Evangelien-Übersetzungen erst im 3. Jahrhundert entstanden. Welcher Übersetzer ins Koptische sich an wen angelehnt hat, ist damit auch nicht festzustellen.

Im übrigen widerlegen auch derartige mögliche Beeinflussungen nicht das Vorliegen einer selbstständigen früheren Tradition mit den dafür sprechenden Anzeichen.

Manchmal wird auch eine indirekte Abhängigkeit des EvThom von den Synoptikern angenommen oder an eine „sekundäre orale" Überlieferung gedacht. Oder es wird vermutet, dass eine solche Abhängigkeit von einer Harmonie aller Evangelien nach der Art von Tatians Diatessaron bestehen oder ein Exzerpt aus einem Evangelien-Kommentar wie dem des Papias vorliegen könne. Ausreichende Anzeichen für den Einfluss einer vorhergehenden Verschriftlichung sind jedoch nicht feststellbar. Es handelt sich bei der Figur der secondary orality überwiegend um ein künstliches Konstrukt, das mit unbeweisbaren Vermutungen arbeitet. Auch der typische Aufbau und Rahmen einer Evangelien-Harmonie oder eines entsprechenden Kommentars sind nicht feststellbar, abgesehen davon, dass wir diese Schriftstücke kaum kennen. Insgesamt entspricht das EvThom nicht einem Auszug aus einem vorher festliegenden Text, wie dies etwa bei dem Philippus-Evangelium der Fall sein mag, sondern es dürfte noch am ehesten aus der Zusammenfügung kleinerer Spruchsammlungen erwachsen sein, die wiederum aus mündlicher Überlieferung entstammen, ähnlich wie dies bei Q anzunehmen ist.

Die Beziehung des Thomas-Evangeliums zum J o h a n n e s - E v a n g e l i u m hat besonders R.E. Brown untersucht und insofern zunächst eine mögliche Einflussnahme des JohEv auf das EvThom oder eine seiner Quellen angenommen. Dem ist jedoch ebenfalls nicht zuzustimmen, da eine literarische Abhängigkeit des EvThom von diesem in keinem Fall nachzuweisen ist. Allerdings besteht in manchen Teilen eine bemerkenswerte Nähe zur Vorstellungswelt des JohEv und zu einzelnen joh Überlieferungen. Die Beziehung zum JohEv wird dadurch kompliziert, dass dieses gleichfalls in einem sehr verwickelten Traditions- und Redaktions-Prozess über einen langen Zeitraum hin entstanden sein wird.

Über die damit zusammenhängenden Fragen ist allerdings in der neutestamentlichen Wissenschaft noch keineswegs Einigkeit erzielt worden, trotz vielfältiger Forschungsbemühungen. Das klassische Quellen- und Schichten-Modell R. Bultmanns in seinem Johannes - Kommentar ist zwar inzwischen weitgehend relativiert, aber jedenfalls insofern noch erheblich, als es von einer Redenquelle als einer der Grundlagen des JohEv ausgeht, die allerdings nicht als gnostisch, sondern als hellenistisch-judenchristlich zu qualifizieren sein wird, und besonders die „Ich-bin"- und die „Lebens"-Worte, ferner Sprüche über den „Sohn", den „Menschensohn", den „Tröster" und die Einheit mit Gott umfasst haben könnte. Diese johanneische Redenquelle könnte indessen ebenfalls noch eine Parallelerscheinung zum EvThom sein, das in analoger Weise Worte wie Log 77; 13,108; 28,43,62 („Ich"-Worte); Log 4,58,101; 1,18,19,111 („Lebens"-Sprüche), ferner Worte über die Präexistenz Jesu und der Seinen, über „Geist", „Fleisch" und „Welt" und das Einssein u.ä. enthalten hat. Die johanneische Redenquelle war zwar dem JohEv vorgelagert, sie wird aber jedenfalls wohl später als Q anzusetzen sein. Auch insoweit ist eine Abhängigkeit des EvThom nicht auszumachen; eher könnten Worte des JohEv vom EvThom beeinflusst sein (s. z.B. Joh 7,34.36;8,21;13,33 von Log 38 S.2 oder Joh 5,39.40 von Log 52). Schließlich ist bemerkenswert, dass im EvThom auch keinerlei Spuren des Einflusses einer letzten sog. „kirchlichen" Redaktion des JohEv sich finden. Diese enthielt nach Bultmann gewisse Ergänzungen, die von spezifisch kirchlichen Interessen getragen waren (so über die Taufe, die Eucharistie, den Jüngsten Tag, Kreuzestod und leibliche Auferstehung Jesu sowie alttestamentliche Reflexionszitate); derartige Fragen sind aber sämtlich im EvThom (noch) nicht eingearbeitet.

Schließlich ist auch die Beziehung des EvThom zu den Briefen des P a u l u s für die zeitliche Einordnung des EvThom von Interesse.

Eine Abhängigkeit des EvThom von paulinischen oder deutero-paulinischen Schriften ist nicht festzustellen. Auch hier sind eher starke Anzeichen vorhanden, dass in einigen Fällen das EvThom oder seine Tradition Paulus beeinflusst haben. So z.B. könnten Log 22 S.4-7 oder seine Tradition Gal 3,28 (ca. 55 n.C), 1Kor 10,16f, 12,13, Eph 2,13ff u.ä. geprägt haben. Dies spricht schwerwiegend für ein hohes Alter der Kernaussage von Log 22 und seiner Vorstellung vom Einssein, die dann vielfach sekundär in dem EvThom ausgebreitet worden ist. Auch Log 53 (mit seiner Kritik an der Beschneidung) könnte Gal 5 und 6,15, 1Kor 7,17ff und Röm 2,25ff zur Folge gehabt haben. Log 17 bzw. seine Überlieferung könnte ebenfalls Paulus beeinflusst haben und die bei ihm genannte „Schrift" sein (s.1Kor 2,9). Log 3 S.4-5, Log 37 und Log 83-85 scheinen dagegen spätere Zusätze zu sein. Analogien finden sich hier in Gal 4,9, 1Kor 13,12 (vom Erkennen und Erkanntwerden); 2Kor 5,1ff, Eph 4,22ff (vom Ausziehen und Anziehen von Kleidern); 1Kor 11,7, 15,45ff und 2Kor 4,4 (von Bildern und Abbildern). Eine irgendwie geartete gegenseitige Abhängigkeit scheint insoweit jedoch nicht gegeben zu sein. Insgesamt wird auch in diesem Zusammenhang wiederum das wahrscheinlich hohe Alter von Überlieferungen des EvThom erkennbar.

5. Das Vorliegen einer selbstständigen früheren Tradition im EvThom gegenüber den Synoptikern und auch dem JohEv lässt sich ferner auch aus einer Reihe von typischen Einzellogien und deren spezifischer F o r m folgern. Hier sei beispielhaft verwiesen auf Log 8 (Gleichnis vom großen Fisch), das älter sein dürfte als die Par Mt 13,47ff, da es in seiner formalen Struktur der eschatologischen Reich-Gottes-Verkündigung Jesu offenbar nähersteht als die apokalyptisch ausgelegte Parallele (Par) bei Mt. Ferner ist Log 31 (Prophetenspruch) wahrscheinlich früher als Lk 4,24 Par Mk 6,4; denn es handelt sich um eine zusammenhängende Kurzform von weisheitlicher Herkunft, die

regelmäßig Grundlage später ausgestalteter Szenarien wie Mk 6,1ff ist; außerdem kann sie nicht aus Lk wegen dessen Fragment-Charakters abgeleitet sein, sondern wird dort eher vorausgesetzt. Log 65 (Gleichnis von den bösen Winzern) ist wie übrigens viele Gleichnisse vermutlich älter als Mk 12,1ff Par, was sich aus der stärker fortgeschrittenen Allegorisierung bei Mk und seinen synoptischen Par ergibt; es hat eine Form, die bereits vor Entdeckung des EvThom hypothetisch als Grundform des Gleichnisses angenommen worden ist; dies gilt auch bei anzunehmender eschatologischer Deutung. Auch bei einer weiteren Zahl von aphoristischen Sprüchen und Gleichnissen spricht aus traditions- und formgeschichtlichen Gründen vieles dafür, dass sie von älterer Tradition sind als ihre synoptischen Pendants, so etwa bei den Log 9,26,55,76,86,89,93,95 u.a.; andere wiederum sind diesen jedenfalls ebenbürtig. Wenn nun angenommen wird, Thomas habe „das Wort [Log 31] aus seiner historischen Situation, die ihm die Synoptiker zuweisen, gelöst und wieder zu einem ‚freien Logion' gemacht" (Schrage) oder es habe eine sekundäre Entallegorisierung der Gleichnisse stattgefunden, so werden damit grundlegende Erkenntnisse der formgeschichtlichen Forschung vernachlässigt. Das gilt im übrigen auch für die Vorstellung von einer vorhandenen „Tendenz zur Fragmentierung", zu „kontextueller Isolierung" und damit zur „Enthistorisierung" in den Logien des EvThom (Eckhard Rau).

6. Allgemein spricht für die Herkunft des EvThom aus einer sehr alten Tradition das große Gewicht der R e i c h - G o t t e s - V e r k ü n d i g u n g in ihm, die als authentisch und besonders charakteristisch für den historischen Jesus gilt. Der Terminus „Reich" kommt im Thomas-Evangelium 9mal (Log 3,22,27,46, 49,82,107,109,113) vor, das „Reich des Vaters" bzw. „meines Vaters" kommt 7mal (Log 57,76,96,97,98,99,113) und das „Reich der Himmel" 3mal (Log 20,54,114) vor.

In keiner anderen frühchristlichen Schrift, abgesehen von Q und den synoptischen Evangelien ist die Basileia daher so häufig thematisiert wie im EvThom. Ähnliches gilt für den inhaltlich gleichbedeutenden Terminus „Leben", der ebenfalls ursprünglich ist und auch bereits bei den Synoptikern für die Gottesherrschaft verwendet wird, vgl. Log 4,58,101, s. auch Log 11. Das Reich Gottes wird allerdings zentral in der Gegenwart gesehen, wie besonders Log 3,51,113 aufweisen. Doch entfällt der Zukunftsaspekt durchaus nicht ganz, das ergeben Log 22,46,99, auch 11 S.1/2, 111 S.1/2 u.ö. Daneben kommt (vielleicht sekundär) auch der Vergangenheitsaspekt vor, dass der Jünger aus dem Reich Gottes stammt (s. z.B. Log 49). Auch der altertümliche Begriff „Menschensohn" tritt 3mal auf, einmal für Jesus selbst und zweimal für seine Nachfolger bzw. die Menschen allgemein (s. Log 86; ferner 13 u. 106). Dasselbe gilt für den Begriff „Sohn", ebenfalls in nicht-exklusiver Verwendung (s. Log 44; ferner s. Log 61 S.3). Kennzeichnend für das EvThom ist weiter die erstaunlich umfangreiche Aufnahme von Gleichnissen (mindestens 14-mal), die inhaltlich durchaus der synoptischen (und vielfach jesuanischen) Verwendung entspricht und sich vom frühjüdischen wie auch sonstigen frühchristlichen Gebrauch deutlich unterscheidet; bemerkenswert sind dabei besonders die Gleichnisse von der Frau mit dem Krug und dem Attentäter (Log 97,98), die in keinem kanonischen Evangelium auftauchen. Weiter sind typisch für diese Tradition die Seligpreisungen, besonders der Armen, Leidenden und Verfolgten (s. Log 54,58,68,69 u.a.). Dies ist ferner auch für Worte der Weisung wie das Liebesgebot (Log 25), Gebote zu einer Gerechtigkeit, die diejenige der Pharisäer und Schriftgelehrten überschreitet (z.B. Log 95; s. auch Log 39,102) sowie Worte der Kultkritik zu sagen (s. Log 6,14,52, 53,71,89,104). Ähnliches gilt schließlich für die sonstigen aphoristischen Logien, so mit den von Jesus auch sonst bevorzugten Redewendungen wie dem passivum divinum, Hyperbeln und Paradoxien sowie dem antithetischen Parallelismus membrorum.

Dagegen fehlen im EvThom eine explizit ausgestaltete Christologie mit Vergöttlichung Jesu und eine entwickelte Ekklesiologie
nebst institutionellen Autoritätsstrukturen, ferner fehlen auch
Geburts-, Sakraments- und Wundergeschichten sowie besonders
ein ausgebildetes Kerygma von Kreuz und Auferstehung Jesu,
das später bei Paulus und Johannes so bedeutsam werden sollte.
Das ändert aber nichts daran, dass Jesus und seinem Wirken
dennoch eine besondere Heilsbedeutung zugeschrieben wird,
nicht nur als Lehrer, Prophet und Arzt, s. Log 13,31, sondern als
„Lebendiger", somit als Inhaber und Vermittler des „Lebens"
i. S. des Reichs Gottes, vgl. Log 52,59. Sein Tod und seine
Erhöhung werden freilich nur in verhüllter Weise angedeutet,
s. Log 12 S.1,38,55,65/66,104 und eine Heilsgemeinschaft wird
in der Form der neuen Familia dei nahe gelegt, s. Log 99.
Insgesamt ist auch hier eine erhebliche Nähe des EvThom zur
Spruchquelle Q zu konstatieren, die ebenfalls die Verkündigung
Jesu vom Reich Gottes und vom Menschensohn ins Zentrum
stellt, während das Kerygma vom Kreuzestod und von der
Auferstehung Jesu, soweit feststellbar, noch fehlt.

Auch eine g n o s t i s c h e   Mythologie ist trotz mancher
„gnostisierender", weisheitlicher Färbung der Logien n i c h t
ausgeführt. Die Gnosis soll hier typologisch als synkretistische
religiöse Bewegung des 2./3. Jahrhunderts angesehen werden,
die von einem scharfen Dualismus zwischen der göttlichen
Sphäre und der materiellen Welt geprägt ist. Neben dem völlig
jenseitigen, fernen obersten Gott werden weitere göttliche
Figuren, Engelmächte, Sphären u.ä. eingeführt wie auch besonders der niedere Schöpfergott („Demiurg"). Die böse Welt und
Materie sind in einem mythologischen Drama entstanden, bei
dem ein „göttlicher Funken" in die niedere Welt gefallen ist, der
darin schlummert und nunmehr durch Erkenntnis über diesen
Zustand („Gnosis") befreit werden muss. Diese Befreiung ist nur
durch eine jenseitige Erlösergestalt zu gewinnen, die aus einer
oberen Sphäre hinab- und wieder hinaufsteigt.

Diese Gestalt wird oft doketistisch gesehen, d.h. nur als mit einem Scheinleib aus pneumatischer Substanz versehen. Die in den gnostischen Systemen vorgetragene Mythologie fehlt indessen völlig im EvThom. Der Dualismus und die Ablehnung der „Welt" (s. Log 21,27,56,80,110,111 u.ö.) entsprechen johanneischen und paulinischen Parallelen. Selbst der Terminus „Gnosis" kommt nur einmal, nämlich in dem Log 39 mit synoptischer Parallele (s. Lk 11,52), vor. Gelegentlich herrscht sogar eine ausgesprochen un- oder antignostische Tendenz, wie deutlich die Log 24,28,29,55,67,89,113 ergeben. Es liegen auch keine „Gespräche" des auferstandenen Christus mit seinen Jüngern oder eine sonstige Offenbarung von Mysterien durch den Erhöhten vor, wie sie für die Gnosis kennzeichnend sind. Desgleichen fehlt eine für die naassenische und valentinianische Gnosis typische Exegese. Der „lebendige" Jesus ist vielmehr (wie auch Gott, s. Log 3,37) der das Leben Besitzende und Spendende. Seine Worte sind vorösterlich geprägt und sollen zur Rettung zuvörderst in diesem Leben führen, wenn sie auch (redaktionell) als „geheim" bezeichnet werden (s. näher Log 1) und der Deutung bedürfen, vgl. Log 8,21,24,63 usw.: „Wer Ohren hat (zu hören), der soll hören!"

Auch eine Zugehörigkeit des EvThom zu dem der Gnosis nahen E n k r a t i s m u s ist n i c h t festzustellen. Die für den Enkratismus typische asketische und zölibatäre Haltung ist im EvThom trotz seiner Distanz gegenüber der „Welt" nicht ausgebildet. Aus den oftmals zwecks Begründung herangezogenen Log 22,48,106, ferner 37,75,114 u.a. lässt sich dies nicht entnehmen, auch wenn diese später, s. ActThom und LibThom enkratitisch interpretiert worden sein mögen.
Schließlich ist das EvThom auch nicht antijüdisch und etwa deshalb als Gnosis-nahe zu qualifizieren. Die dafür angeführten Log 6,14,52,53,71,89,104, die gesetzes- bzw. kultkritisch sind, oder Log 39,43,102 betr. „Pharisäer" und „Juden" bewegen sich in einem Rahmen, der auch vom synoptischen oder johanne-

ischen Jesus geläufig ist, und sind eher als charakteristische innerjüdische Problemstellungen und Auseinandersetzungen zu würdigen. Ein Antijudaismus oder auch eine Trennung von der Geschichte Israels ist aus ihnen nicht zu entnehmen. Vielmehr gehören diese Logien Überlieferungen an, die einem älteren Judenchristentum besonders weisheitlicher Prägung entsprechen (so überzeugend besonders auch die Forschungen von S.L. Davies).

7. Es sprechen danach entscheidende Umstände dafür, dass das Thomas-Evangelium aus frühen, gegenüber den Synoptikern und dem Johannes-Evangelium sowie Paulus selbstständigen und nicht-gnostischen S p r u c h s a m m l u n g e n stammt, die dem frühesten Judenchristentum angehören und dem historischen Jesus jedenfalls nahestehen und somit authentisches Gut der Jesus-Verkündigung enthalten können.

Wenn behauptet wird, dem EvThom fehle die narrative Einbettung der Worte, um sie zum Bestandteil einer historischen Jesus-Erzählung werden zu lassen (so besonders J. Schröter), so trifft dies zwar zu, wenn auch bereits gewisse Ansätze einer Erzähltradition vorliegen, wie in den Log 13,22,60,61,99,113 und 114. Diese Verbindung mit einer Erzähltradition ist aber nicht zwingende Voraussetzung für die Annahme früher und vom historischen Jesus herkommender Logien-Überlieferungen. Das beweist ja auch die ähnliche Q-Tradition, die ebenfalls dem historischen Jesus sehr nahe steht, sowie fernerhin die Agrapha-Überlieferung. Die Überlieferung von Q ist völlig um das Wort, die Logien Jesu zentriert. Auch bei den wenigen historisierend-biografischen Elementen von Q geht es um das Wort Jesu. Das zeigt besonders die Erzählung von der Heilung des Knechts des römischen Zenturio, Lk (Q) 7,1ff, bei der ganz das Vertrauen auf das Wort Jesu im Mittelpunkt steht, aber auch Lk 3,2ff; 4,1ff und 11,14ff, wo ebenfalls Worte (des Täufers und Jesu mit dem Teufel bzw. über ihn) die entscheidende Rolle spielen.

Im übrigen muss betont werden, dass auch die älteste Q-Schicht (Q1) eine reine Wort-Überlieferung mit allenfalls erläuternder Rahmung ist genauso wie das EvThom. Die im EvThom aufbewahrten Logien sind wegen ihres frühen Stadiums noch fragmentarisch und nach ihrer besonderen Eigenart ebenfalls noch nicht mit einer narrativen Rahmung versehen. Eine bewusste Tendenz des EvThom zur Fragmentierung oder Enthistorisierung kann daraus nicht nachgewiesen werden, zumal der Verfasser wegen der Nähe des Geschehens davon ausgegangen sein wird, dass der Hintergrund seinen Adressaten noch bekannt war.

Während Q wahrscheinlich im westlichen Syrien zu Hause war und später in den historisch-narrativen Evangelien Mt und Lk aufgegangen ist, wo die Spruchsammlung mit den Wunder-Traditionen und der Passions- und Auferstehungs-Geschichte nach Mk verbunden wurde, hat das EvThom, das den o s t s y - r i s c h e n Zweig der Logienüberlieferung darstellt, eine nicht ganz unähnliche Entwicklung genommen. In seiner Endgestalt mit ihrer „gnostisierenden", protologischen und weisheitlichen Prägung gehört es freilich eher in den dem Evangelium des Johannes nahestehenden Raum. In dessen historischen und narrativen Rahmen wurden auch diese und ähnliche thoma-sische Traditionen, sofern sie nicht wie Q in Mt und Lk verarbeitet waren, ebenfalls zu erheblichen Teilen aufgenom-men und unter Veränderungen eingefügt.
Letztlich wollen auch die Log 13 und 108 die Tradition des EvThom nicht der Geschichte entziehen und etwa eine Legitimation begründen, Jesus-Worte neu zu formulieren, wie E. Rau behauptet. Sie sollen vielmehr nur die Einheit des Jüngers Thomas mit seinem Herrn aufweisen, so dass er auch besonderen Zugang zu seiner Botschaft haben soll. Es kann aber daraus nicht entnommen werden, Thomas solle die Vollmacht erhalten, selber Worte Jesu neu zu schaffen und er habe dies auch entgegen jeglicher Historie getan.

Wenn Ähnliches später vom JohEv eingeleitet worden ist, so geschah dies unter Berufung auf den Parakleten (s. Joh 14,16f.26; 15,26; 16,7ff.12ff). Eine vergleichbare Bezugnahme auf den Parakleten fehlt indessen im EvThom völlig. Auch die Eingriffe der thomasischen Überlieferung sind nicht mit denen des JohEv zu vergleichen, sondern beschränken sich, abgesehen von den größeren Einfügungen zumeist an den Schnittpunkten der Sammlungen, ähnlich wie bei Q hauptsächlich auf interpretierende Korrekturen des Wortlauts, entsprechende Zusätze und Anhängsel sowie besonders die kompositionelle Eingruppierung der Logien.

8. Die Z e i t der Entstehung der meisten dem EvThom zugrunde liegenden schriftlichen Spruchsammlungen wird man danach etwa in die Zeit der Entstehung der Logienquelle Q, also ca. 40-70 n.C., anzusetzen haben. Dabei wird man zunächst von mündlichen Überlieferungen auszugehen haben, die angesichts wahrscheinlicher Aramaismen vermutlich einen aramäischen Sprach-Hintergrund hatten. Diese Überlieferungen sind wohl zuerst mündlich zu Spruch-Paaren und zu Spruch-Gruppen und später schriftlich zu kleineren und größeren Spruch-Sammlungen zusammengestellt worden. Inhaltlich ist die ä l t e s t e S c h i c h t der zugrunde liegenden Spruch-Sammlungen einerseits stark weisheitlich, andererseits aber auch apokalyptisch geprägt. Man kann sagen, dass in dieser eschatologischen Verkündigung, die auf Jesus zurückgeführt werden kann, apokalyptische und weisheitliche Züge untrennbar miteinander verbunden sind und auf eine charakteristische Weise ausbalanciert werden. Eine einseitig weisheitliche Prägung, zumal in der Nähe des hellenistischen Kynismus ist nicht anzunehmen. Dagegen spricht, dass besonders in der ältesten Schicht gerade das eschatologische Element mit seiner auf grundlegende und endgültige Veränderung zielenden Stoßrichtung maßgeblich ist.

Die uns vorliegende Zusammenstellung und Verknüpfung der (Einzel- und der Haupt-) Sammlungen zu dem vorhandenen Spruch-Evangelium ist dann in einem länger währenden Prozess wohl für die Zeit bis spätestens ca. 100 - 110 n.C. anzunehmen, somit bis zur Zeit der (wahrscheinlichen) Abfassung des JohEv, und zwar in griechischer Sprache. Die a b s c h l i e ß e n d e R e d a k t i o n kann ähnlich wie das JohEv (nach seiner Grundschrift) als „gnostisierend" bezeichnet werden, und zwar in einer Weise, die eine kreative Auseinandersetzung mit der sich allmählich entwickelnden Gnosis darstellt. Sie enthält im Ergebnis eine Verstärkung der weisheitlichen und schöpfungstheologischen Bestandteile und der Präexistenz-Christologie im EvThom, besonders in den Knotenpunkten der Log 18/19 S.1,3-4, 37, 49/50, 61 S.2-5, 77 S.1 und 83/84, aber auch in einer Reihe von Zusätzen und Anhängseln mit nur selten synoptischem Inhalt (s. z.B. Log 5 S.2, 14 S.4,2 u. 55 S.2), ferner quasi-synoptischen und -johanneischen Erweiterungen (z.B. Log 21 S.6-8, 44 S.1, 64 S.12, 92 S.2, 100 S.4), aber meist mit ebenfalls protologischen und spiritualisierenden Weiterentwicklungen (s. z.B. Log 3 S.4-5, 4 S.3, 11 S.3-4, 16 S.4, 23 S.2 und ganz auffällig Log 111 S.3). Das hat gleichfalls besonders johanneische, ferner aber auch paulinische und sonstige frühchristliche Parallelen. Dagegen enthält diese abschließende Redaktion noch keinerlei Elemente der eventuell späteren joh „kirchlichen" Redaktion.

Inhaltlich sieht die Schlussredaktion des näheren die Gegenwärtigkeit des Reichs Gottes in einer besonderen Innerlichkeit, nämlich in der Erkenntnis des zu Gott gehörigen Selbst der Menschen (Log 3 S.4-5, 50 S.2, 67, 70, 111 S.3). Dieses stammt aus dem präexistenten Lichtreich Gottes und wird auch wieder dorthin gehen (s. Log 18, 19 S.1,3-4, 49, 50 S.1). Dies Reich entspricht der ursprünglichen Schöpfungsordnung, die durch paradiesische Einheit und Gleichheit gekennzeichnet war und zu der die Menschen zurückkehren sollen (Log 4 S.3, 11 S.4, 16 S.4, 23 S.2, 49 S. 1; i. Anschl. a . Log 22 S.4-7 u. 106).

Dazu müssen sie sich ihres Ego entkleiden und sich von den Mächten der Welt abwenden, die das Reich verhindern wollen, jedoch letztlich zum Tode führen (Log 21 S.6, 37, 56, 80, 110). Jesus personifiziert dies Lichtreich (Log 77 S.1) und entspricht vorbildhaft dem Ur-Bild der Menschen, zu dem diese auch schließlich gelangen sollen (Log 83ff, 37, 50 S.1, 61 S.2-5).

9. Als O r t der genannten Zusammenfassung kommt der ostsyrische Raum um Edessa (heute Urfa, Türkei) in Frage. Ägypten, wo die griechischen Oxyrhynchos-Papyri und später das koptische EvThom gefunden worden sind, scheint erst später von Bedeutung geworden zu sein. Auf das ursprüngliche Zentrum des Thomas-Christentums im ostsyrischen Raum verweist besonders die Aussage des Prologs des EvThom in der Gestalt des POxy 654, wonach „Judas Thomas" der Verfasser des Evangeliums gewesen sein soll (s. auch den Schluss und Log 13, wo er nur „Thomas" genannt wird). Die Namensform „Judas Thomas" für den Jünger Thomas (vgl. zu ihm Mt 10,3 Par Lk 6,15 [Q]; Mk 3,18; Apg 1,13 und Joh 11,16; 14,5; 20,24.26ff; 21,2) ist, wie besonders die Thomas-Akten, ferner das Thomas-Buch zeigen, dort beheimatet. Auch im übrigen ist nachzuweisen, dass der Raum um Edessa Mittelpunkt der Thomas-Tradition war. Deutliche Anklänge weisen insofern auch das syrische Liber Graduum, der Pseudo-Makarios und das Diatessaron auf.

Von J u d a s T h o m a s (aram. Zwilling, wie Didymos nach Log 1 griech. Zwilling heißt) oder seinen Schülern können somit jedenfalls zum großen Teil die dem Spruch-Evangelium zugrundeliegenden Sammlungen stammen, wie Einleitung und Abschluss des EvThom andeuten. Dieser war nach den Apostellisten Jünger Jesu und wurde regelmäßig mit dem anderen apostolischen Evangelisten Matthäus zusammen genannt. Nach den ebenfalls ostsyrischen Thomas-Akten soll er sogar mit dem leiblichen Bruder Jesu namens Judas identisch sein, was jedoch vermutlich eine nachträgliche Kombination ist.

Näher liegt, dass er von Jesus durch die Namensgebung als „Zwilling" (ähnlich wie er dies bei Simon als „Fels" = Petros gemacht hat) zu seinem „Bruder" ernannt worden ist, der mit ihm in besonderer mystisch-spiritueller Einheit verbunden war. Thomas ist zu Missionszwecken nach Indien gezogen, wo er als Märtyrer seines Glaubens gestorben sein soll. Dass die ältesten Teile der Sammlungen evtl. sogar von Jerusalem oder Antiochia stammen und insoweit auch dem Herrenbruder Jakobus eine Rolle als Gewährsmann zufällt, vgl. Log 12, ist durchaus möglich. Die letzte Fassung des EvThom und die Edition könnten noch von einem oder mehreren Schülern des Thomas erfolgt sein.

Insgesamt ist von Bedeutung, dass die Thomas-Bewegung wie auch diejenige Jesu selbst personell von wandernden juden-christlichen Charismatikern mit einem eschatologischen und sozial-radikalen Bewusstsein geprägt war und erst nach und nach, wohl im ostsyrischen Raum von Edessa, zur Sesshaftigkeit gelangt ist, zusammen mit heidenchristlichen Anhängern. Hier wird es auch zu einer stärkeren Spiritualisierung der Thomas-Bewegung mit den bereits genannten protologischen und schöpfungstheologischen Vorstellungen gekommen sein. Nicht auszuschließen ist, dass es dabei auch teilweise stärkere Konflikte und Trennungen von der Großkirche gegeben hat. An die Gemeinschaft der Thomas-Bewegung wird dann das EvThom als Ganzes auch adressiert gewesen sein, und zwar als eine Art Predigt-Instruktion, ähnlich wie dies auch für Q angenommen worden ist.

10. Die Gründe, die das EvThom später als häretisch erscheinen ließen und vielleicht auch zu seiner Nichtaufnahme in den K a - n o n geführt haben, zeigen somit die teilweise durchaus heftige Auseinandersetzung bereits der frühesten christlichen Gruppierungen um den richtigen Weg; sie dürften aber heute nicht mehr überzeugungskräftig sein.

Es sind dies wohl in erster Linie die Hervorhebung der Rolle des Apostels Thomas als eines besonders herausragenden Offenbarungsvermittlers und seine Überordnung gegenüber Simon Petrus und Matthäus mit ihren Traditionen (s. Log 13) und wohl auch die Zurückweisung der Kritik des Petrus an Maria Magdalena (Log 114). Die kanonischen Evangelien betonen demgegenüber die Führungsrolle des Petrus (besonders Mt 16,13ff; aber auch Mk 8,27ff; Lk 9,18ff und Joh 6,66; ferner 1Kor 15,4) gegenüber allen anderen Jüngern bzw. -innen. Inhaltlich ist das EvThom wohl bekämpft worden wegen seiner individualistischen Haltung, die dem aufkommenden kirchlichen Institutionalismus abhold war, seiner Infragestellung des Patriarchalismus und last not least seiner besonders ausgestalteten Christologie. Weiter bestanden wohl auch Spannungen der Johannes-Gemeinde(n) zu dem Apostel Thomas und seiner Gemeinde, und zwar trotz ihrer Nähe zueinander, das zeigt die Hervorhebung des „Glaubens" an den „einzig gezeugten Sohn Gottes" gegenüber dem kritisierten „Sehen" und Erkennen des „ungläubigen" Thomas in Joh 20,29. Auch die Kritik des Paulus an einer gesteigerten Gegenwarts-Eschatologie bei der Gemeinde in Korinth („Ihr seid zum Herrschen gekommen") könnte ähnliche Vorstellungen bei den Thomas-Christen betreffen, s. 1Kor 2,4ff; 4,6ff.18f und besonders Log 2 S.3.
Schließlich mag auch noch von Bedeutung sein, dass das EvThom nicht im breiten Strom des frühen Christentums, sondern eher in Randgruppen in Gebrauch war. Die offenbare Verwendung des EvThom in manchen der Großkirche fernstehenden und des häretischen Gnostizismus beschuldigten Gemeinschaften wie den Naassenern und dem Manichäismus wird dann dazu geführt haben, dass das EvThom nicht kanonisiert wurde. Dies alles spricht jedoch nicht für einen heterodoxen oder gar sektiererischen Charakter des EvThom und dürfte auch heute für die Authentizität oder den Wert von Logien aus dem EvThom nicht mehr durchgreifend sein.

Vielmehr muss, wie im folgenden versucht wird, jedes einzelne Stück dieses „5. Evangeliums" (so schon Davies) in seinem historischen Kontext samt der vorliegenden Traditions-, Form- und Redaktions-Geschichte auf seine Echtheit überprüft werden. Dies muss gelten, selbst wenn dadurch möglicherweise dogmatische Erschütterungen zu erwarten sind, auch damit keine dieser Kostbarkeiten in Vergessenheit gerät.

Durch seine weitgehend vordogmatische Haltung könnte das EvThom auf diese Weise eine besondere Hilfe zu einer persönlichen Aneignung des Evangeliums anbieten, es könnte dann auch einen Beitrag zur Wiedergewinnung der ursprünglichen Weite der christlichen Botschaft und damit zu einer Erneuerung der Kirche(n) sowie zur Entkrampfung des Verhältnisses der Konfessionen und Religionen zueinander leisten.

11. Zum Text des EvThom i.e. s. zunächst die Editio princeps von A. Guillaumont, H.-C. Puech, G. Quispel, W. Till und Yassa ´Abd Al Masih unter dem Titel „Das Evangelium nach Thomas", 1959 (von ihr stammt die jetzt übliche Einteilung in 114 Logien); ferner J. Leipoldt, Das Evangelium nach Thomas, 1967; B. Blatz in W. Schneemelcher, Neutestamentliche Apokryphen, I, 6.A., 1990, 98ff; K. Berger u. C. Nord, Das Neue Testament und frühchristliche Schriften, 1999, 644ff; J. Schröter u. H.-G. Bethge, Das Evangelium nach Thomas, in Nag Hammadi Deutsch, hg. v. H.-M. Schenke pp., 2001, 151ff; R. Nordsieck, Das Thomas-Evangelium, 4.A., 2014; U.-K. Plisch, Das Thomas-Evangelium, 2007 u. P. Pokorny, A Commentary on the Gospel of Thomas, 2009. Eine besonders sorgfältige Textausgabe in Koptisch, Deutsch und Englisch enthält schließlich die 15. Auflage der Synopsis Quattuor Evangeliorum v. K. Aland, 1996, ausgeführt von dem Berliner Arbeitskreis für koptisch-gnostische Schriften, unter Initiative von H.-M. Schenke und Federführung von H.-G. Bethge.

Dieser Ausgabe und auch der entsprechenden Übersetzung folge ich auch im folgenden (mit kleineren Abweichungen, auch unter Berücksichtigung der Ausführungen von P. Nagel, Neuübersetzung, ZNW 95, 2004, 209ff).
Dabei werden nur noch gelegentlich Sigel angewandt, nämlich ( ) für Ausfüllung von größeren Lücken bzw. Ergänzung des Textes, [ ] für Beseitigung von entsprechenden Fehlern und [( )] für beides zugleich. Bei * ist der POxy-Text berücksichtigt.

II. INHALT

Das EvThom ist eine Sammlung von Worten (Logien) Jesu, die den Menschen zum Heil führen sollen. Die Person Jesu, seine Wunder, sein Tod und seine Auferstehung treten demgegenüber zurück. Seine Worte sind es, deren Deutung das „Leben", das dem Tod überlegen ist, bringen soll, ein Leben, das gleichbedeutend ist auch mit dem „Reich Gottes", dem Heil für Mensch und Welt.

Das 1. Kapitel, das hier in etwa mit der ersten Spruchsammlung des EvThom gleichgesetzt wird, beschäftigt sich mit dem S u - c h e n u n d F i n d e n d e s R e i c h s G o t t e s. In Log 2 ist von diesem Suchen und Finden und schließlichen Bestürztsein grundlegend die Rede, und besonders auch von der daraus folgenden Verheißung des zukünftigen Kommens des Reichs Gottes, des „Königseins" und „Ruhens". Das Reich Gottes wird in Log 3 entgegen dem Rat der Volksführer nicht oben im „Himmel" oder in der Unterwelt gesehen, sondern auch schon in der Gegenwart, und zwar sowohl „innerhalb von euch" als auch „außerhalb von euch". Das Schwergewicht hat die abschließende Redaktion dann auf das erstere gelegt, auf das innere Bewusstsein von unserem Selbst, dass wir „Kinder des lebendigen Vaters" sind (Log 3 S. 4). Aber ebenso wird das äußere Reich in der ganzen Schöpfung mit ihren Kräften und Möglichkeiten von Log 3 als bedeutungsvoll angesehen.

Die kleinen Kinder können dies Geheimnis des Reichs Gottes, das sich offenbaren und sogar den Tod überwinden soll, überraschend am besten verstehen. Es soll auch so grundstürzend sein, dass viele Erste zu Letzten werden sollen und Letzte wie die Kinder zu Ersten (s. Log 4, 5 u. 6 S. 5). Das Reich Gottes ist dann der jegliches andere Gut übertreffende „große, gute Fisch", der vor allem anderen zu „wählen" ist (so das Gleichnis Log 8). Dieses Reich wird trotz aller Widerstände und Hindernisse wie eine Saat zu einer großen Ernte mit „guter Frucht" führen, die 60- und 120-fältig sein wird (vgl. das Gleichnis Log 9).

Das endzeitliche Reich, in dem der Wille Gottes zum Durchbruch kommen soll, bedarf nicht in erster Linie eines kultischen Regelwerks, wie gesetzlicher Vorschriften über Fasten, Beten, Almosen und Reinheit. Vielmehr erfordert es, nicht zu „lügen" und nicht das zu tun, was wir „hassen" (Log 6 u. 14). Allerdings soll es nicht mit raubtierhafter Aggressivität erkämpft werden, sondern zutiefst menschlich sein (Log 7). Kranke sollen geheilt werden (Log 14 S. 4), und Gott, der nicht „von einer Frau Geborene" soll wahrhaft angebetet werden (Log 15).

Solange dies nicht geschieht, kann es aber zu Gericht und eschatologischer Drangsal kommen, zu dem „Feuer", das Jesus in der Welt anzündet, und zu Streitigkeiten, die selbst die Familien entzweien (Log 10 u. 16). Sogar „Himmel" und Erde werden sich verändern, mit dem Ziel einer völligen Erneuerung, nur die wirklich „Lebendigen" werden dann nicht sterben (Log 11; s. auch Log 111). Zu fragen ist dabei, ob und wie die Lebendigen dann das Unlebendige letztlich integrieren können. Werden sie auch die ursprüngliche paradiesische Einheit und Ganzheit wiedergewinnen können?

Die kommende Erneuerung der Welt soll jedenfalls die sich jeder Vorausschau und allen Prognosen entziehende, unvergleichliche Fülle und Herrlichkeit des eschatologischen Reichs Gottes herbeiführen (Log 17). Ergänzend deutet dann noch die Schluss-Redaktion dieses „Ende": Es ist die Entsprechung zu dem „Anfang", dem protologischen Lichtreich Gottes, aus dem die Jünger und Jüngerinnen auch stammen. Dieses gilt es mit all seinen Kräften und Mächten zu erkennen, um das endgültige Leben zu gewinnen (Log 18 u. 19 S. 1, 3-4).

Zur Vervollständigung gehört in das vorliegende Kapitel auch noch die Bezugnahme auf die beiden für das EvThom so charakteristischen Jünger-Gestalten. Das ist der Herrenbruder Jakobus, der nach Jesu Tod über die Jünger-Gemeinde „groß sein" soll und dem die Jünger sich anschließen sollen (Log 12). Und es ist der noch maßgebendere „Zwillings"-Jünger Jesu, Thomas.

Dieser wird in Log 13 besonders ausgezeichnet gegenüber anderen Jüngern wie Simon Petrus und Matthäus durch „drei Worte" Jesu, die das Einssein Jesu mit diesem Jünger geheimnisvoll umschreiben sollen („Ich bin du", o. ä., s. auch Log 108).

Im 2. Kapitel geht es um den A n b r u c h   d e s   R e i c h s   G o t t e s   i n   u n d   g e g e n ü b e r   d e r   „W e l t". Es beginnt nach einem erneuten Hinweis auf Jesu Worte und ihre Kraft (Log 19 S. 3) mit dem Gleichnis vom Senfkorn. Danach soll aus den kleinsten und kümmerlichsten Anfängen auf der Welt die machtvolle Königsherrschaft Gottes erwachsen, die die Völker der Welt umfassen wird (Log 20). Allerdings sollen die Jünger und Jüngerinnen paradoxerweise auch in Distanz zu den Mächten dieser Welt gehen. Sie sollen ihr Ego und ihre Rollen und Masken ablegen (Log 21 S. 1-4). Sie sollen wachsam sein gegenüber der drohenden Überwältigung durch die Welt (S. 5-8) und die Reife ihrer „Frucht" zwecks Ernte wachsam im Auge haben (S. 9-11).
Wenn sie die „Zwei" zur „Eins" machen, also die trennenden und entfremdenden Dualitäten der Welt wie das Männliche und das Weibliche, das Innere und das Äußere, das Obere und das Untere überwinden, werden sie in das Reich Gottes eintreten (Log 22; s. auch 106). Zwar ist anfänglich nur eine kleine Schar von Jesus erwählt, letztlich kann aber jeder ein „Einziger" werden, d.h. er kann eins mit sich, mit dem Nächsten und mit Gott werden (Log 23; s. auch die ähnlichen redaktionellen Zusätze in Log 4 S. 3; 11 S. 4; 16 S. 4).
Nach Log 24 leuchtet Jesus als „Lichtmensch" der „ganzen Welt" und damit auch als Vorbild für seine Jünger und -innen. Sie sind somit zur Liebe zu ihrem Nächsten aufgerufen (Log 25). Ihnen ist das Richten untersagt (Log 26), und sie sollen Fasten- und Sabbat-Vorschriften darin wirklich halten, dass sie „gegenüber der Welt" und ihren Mächten enthaltsam sind und den Feiertag nach seinem wahren Sinn feiern (Log 27).

Jesus legt in Log 28 als Repräsentant der Weisheit eine Art Rechenschaftsbericht über sein Kommen in die Welt ab: Er „offenbarte" sich ihnen im „Fleisch", fand jedoch die Menschen „trunken" und „blind" vor, dennoch können sie bewusst werden und „umkehren". Nach Log 29 stehen das Fleisch, der Körper und der Geist in wunderbarem Zusammenhang, aber der Geist ist gegenüber den ersteren höherwertig; das gilt für Jesus, aber auch für seine Nachfolger. Wo einer ist oder zwei sich gefunden haben, will Jesus gegenwärtig und mit ihnen vereint sein (s. Log 30; auch da, wo sie mit Stein oder Holz arbeiten, s. das kopt. Log 77 S. 2 u. 3). Allerdings wird Jesus als real existierender Prophet und Arzt in seiner Umwelt nicht anerkannt, wie Log 31 bedauernd feststellt.

In den Log 32 und 33 geht es dann um die Gemeinschaft der an das Reich Gottes Glaubenden und um seine öffentliche Verkündigung an die Welt. Die Jünger und -innen sollen das Reich Gottes „auf den Dächern" der Häuser verkündigen. Sie sollen ihr Licht wie die Stadt auf dem Berge und die Lampe auf dem Leuchter leuchten lassen und ihren Glauben durch Wort und Tat befestigen. Sie stehen damit im Gegensatz zu den blinden Volksführern, die die von ihnen Geführten in die Grube führen (Log 34). Jesus stellt jedoch die letztliche Entmachtung des Bösen in der Welt durch Fesselung von dessen „Händen", also seinen Helfershelfern in Aussicht (Log 35); dies kann durch Krankenheilungen und Exorzismen, aber auch durch Umwälzung der Welt geschehen.

Im 3. Kapitel wird am Anfang wieder auf die Bedeutung der Worte Jesu verwiesen (Log 38) und zugleich darauf hingewiesen, dass es Tage geben werde, wo die Jünger und -innen nach ihm suchen und ihn nicht mehr finden werden. Überhaupt ist Hauptthema des Kapitels der I n h a l t   d e r   J ü n g e r s c h a f t   i m   R e i c h   G o t t e s , entweder ganzheitlich oder in sich uneins. Zunächst werden die Jünger und -innen ermahnt, sich nicht ständig um die alltäglichen Dinge wie Speise und Kleidung zu „sorgen".

Gott selbst werde ihnen „ihr Kleid geben" (Log 36 in der POxy-Fassung), was auch die solidarische Hilfe von Menschen einschließt. Die Redaktion setzt hinzu, die Jünger sollten sich „entkleiden", ohne Scham, somit von allen ihren äußeren Rollen und ichhaften Verkleidungen sich verabschieden, dann erst würden sie den „Sohn des Lebendigen" ohne Furcht „sehen" (Log 37).

Im Kontrast zu den Pharisäern und Schriftgelehrten, die die Schlüssel der Erkenntnis zum Reich Gottes empfangen, jedoch versteckt hätten und so den Zutritt dazu verhinderten, sollen die Jünger und -innen sich wirklich weise, nämlich „klug wie die Schlangen" und wahrhaftig „wie die Tauben" verhalten (Log 39). Auf diese Weise vermieden sie auch das jenen drohende Gericht, da sie kein festgewurzelter Weinstock im Reich des „Vaters" seien und so zugrunde gehen könnten (Log 40). Mit ihren Gaben und Fähigkeiten sollten die Jünger handeln und sie richtig handhaben, um ihren sonst drohenden Verlust zu vermeiden (Log 41). An der Welt mit ihren Macht- und Besitzstrukturen sollten sie jedoch „vorübergehen" (Log 42). Insgesamt sollten die Jünger und -innen ebenso wie auch ihr Herr ganzheitliche, in Gottes Reich wurzelnde Menschen sein, die in sich eins und ungeteilt seien und den „Baum" und die „Frucht", somit den Vater und den Sohn in gleicher Weise „liebten" (Log 43).

In Log 44, dem Spruch von der Lästerung des Vaters, Sohns und Heiligen Geistes geht es um die alles überragende und entscheidende Bedeutung des Geistes und damit Gottes im Herzen des Menschen. Der ganzheitliche und nicht gespaltene Mensch hat „Früchte" im Sinne von Log 45, der vom Bösen erfüllte Mensch dagegen nicht. Log 46 weitet diese Sicht aus auf die Menschheit seit dem ersten Menschen, Adam und zielt ab auf den von Jesus besonders geschätzten Täufer Johannes, den er mit den „Kleinen" des Reichs Gottes vergleicht, die Vorbild für Ganzheitlichkeit seien und den Täufer damit noch überträfen.

Log 47 S.1-2 über den Menschen auf „zwei Pferden", mit „zwei Bögen" oder Diener „zweier Herren" zeigt, dass dieser gespalten ist und nicht ganzheitlich sein kann.

Auch „neuer Wein" passt nicht in „alte Schläuche", wie auch ein „alter Lappen" nicht auf ein "neues Kleid". So passt das Neue des Reichs Gottes auch nicht zu den alten Verkrustungen der bisherigen Gesetzes-Vorschriften (S. 3-5). Auch insoweit müssen die Jünger und -innen sich eindeutig entscheiden. Sozialer Friedensschluss und Versöhnung sind treffende Kennzeichen des ganzheitlichen und ungeteilten Menschen, der damit sogar die Macht hat, „Berge zu versetzen" (Log 48).

In Log 49 fügt die Redaktion noch hinzu, dass die Menschen, die in sich und mit den anderen eins sind, „erwählt" seien, da sie aus dem vorzeitlichen Lichtreich Gottes stammten und auch wieder dorthin zurückgehen würden. Log 50 bedeutet dazu ein katechismusartiges Bekenntnis dieser Menschen über ihre Herkunft von Gott, ihre besondere Eigenart und ihre charakteristischen Zeichen. Die letzteren entsprechen der Dialektik von Bewegung und Ruhe bei ihrem göttlichen Schöpfer selbst.

Das 4. Kapitel hat das Thema: R e i c h G o t t e s u n d W e l t a l s L e b e n u n d T o d. Es setzt mit Log 51 ein, das wiederum die Gegenwart des Reichs Gottes aussagt (s. schon Log 3 u. 113). Seine „Ruhe" ist bereits unauffällig angekommen, während die zu erwartende Neue Welt, die Veränderung aller Dinge noch aussteht. Das Reich Gottes ist „Leben", es überholt die Welt des „Todes". In diesem Sinne kontrastiert Log 52 das Wort und Wirken Jesu als des „Lebendigen" mit den überlieferten Schriften der 24 Propheten Israels, die als „Tote" bezeichnet werden. Das gleiche soll nach Log 53 von der traditionellen Beschneidung gelten, die von der „wahren Beschneidung im Geiste" überholt sein soll. Dem verwandt ist auch die Armut im Geiste, die von Jesus hier als Enthaltung von Reichtum und materiellen Gütern hoch geschätzt wird (Log 54). In Log 55 geht es weiter um die Distanz zur zeitgenössischen Familie und zugespitzt sogar zum eigenen Ich, diese werden als

Hindernis und Gefahr für die von Jesus verkündigte Gottesherrschaft angesehen.

Log 56 spricht dann zusammenfassend von der Kult-Tradition,
dem Reichtum, der Großfamilie und letztlich dem Ego als den
Mächten der Welt, diese wird von Jesus in drastischer Weise als
„Leiche", also als tot bezeichnet. Das Verhältnis der feindlichen
Todesmächte zum Reich Gottes thematisiert auch das Gleichnis
vom Unkraut unter dem Weizen (Log 57), wonach erst am Tag
der „Ernte" das Böse eindeutig sichtbar wird und dann das
endgültige Gericht stattfinden kann.

Eine Zusammenfassung aller Seligpreisungen von Bedrängten
und Leidenden stellt Log 58 dar, nach dem Jesus den Menschen
selig spricht, der „gelitten" hat, er hat in Wahrheit bereits jetzt
das „Leben" gefunden. In Log 59 fordert Jesus die Menschen
auf, nach ihm, dem „Lebendigen" und seinem Wort zu streben
und zu suchen, damit sie nicht sterben und ihre Suche dann
nicht mehr möglich ist. Nach dem Gespräch über den Samaritaner (Log 60) sollen die Jünger und -innen auch nach einem
„Ort zur Ruhe", zum Wachsein und zur Liebe suchen, dann
können sie nicht zu „Leichen" werden und von den Mächten der
Welt „gefressen" werden. In der Zukunft wird die Zugehörigkeit
jedes Menschen zu Gott und seinem Reich offenbar werden (Log
61 S.1); die einen werden „leben", die anderen in Gefahr sein,
dem Gericht und Tod zu verfallen.

Die Redaktion hat dann in Log 61 S. 2-5 noch ein Gespräch Jesu
mit Salome hinzugefügt, worin der „lebendige" Jesus seine Herkunft aus der Welt Gottes als seines „Vaters" und sich selbst
damit als Sohn benennt, ausgestattet mit der entsprechenden
Vollmacht des Vaters. Auf die Inanspruchnahme der Jüngerschaft durch Salome leitet Jesus aus der „Einheit" und
„Gleichheit" Gottes auch die Einheit und Gleichheit der von ihm
und seinem Reich kommenden Menschen und besonders dieser
Jüngerin, Salome ab.

Im 5. Kapitel ist von den G e h e i m n i s s e n u n d A n s t ö -
ß e n d e s G o t t e s r e i c h s die Rede. Die Frage ist,

worum es bei den „Geheimnissen", die Jesus nach Log 62 S.1 sagt, geht.

Man darf wohl im Sinne des EvThom davon ausgehen, dass es sich dabei um die Gegenwart des Reichs Gottes in Jesus und seinen Jüngern und Jüngerinnen handelt. Diese Geheimnisse will Jesus nur denen mit seinem Wort eröffnen, die ihrer „würdig" sind. Das ist auch für die Jünger und - innen eine besondere Herausforderung, da selbst ihre ausführenden Hände die Geheimnisse nicht kennen (S. 2).

Als Geheimnisse versteht das EvThom offenbar auch die Gleichnisse Jesu. Das folgt aus Log 63 bis Log 65/66. Zunächst gilt dies danach für das Gleichnis vom törichten Reichen (Log 63), der in besonderer Gefahr steht, das Reich Gottes wegen seiner Fixierung auf das Sammeln von Gütern und das Bilden von Reichtum und Vermögen zu verfehlen. Auch das Gleichnis vom großen Mahl (Log 64) betrifft die Besitzenden, Herrschenden und Frommen, die sich nicht in der Lage sehen, die Gottesherrschaft anzunehmen. Statt ihrer sind deshalb die am Rande und im Abseits Stehenden, die Armen und Unterprivilegierten zum Reich berufen. Das Gleichnis Log 65 von den bösen Winzern führt dann zu einem Höhepunkt des Kapitels, das die unverständliche Verweigerung der Menschen gegenüber dem Angebot Gottes zum Thema hat: In ihm wird resümiert, dass die Obersten Israels und ihre Mitläufer die Angebote Gottes immer wieder abgelehnt und verweigert haben und schließlich in unbegreiflicher Verblendung den „Sohn" des Weinbergbesitzers als eschatologischen Gottesboten töten wollen. Deshalb wird ihnen letztmalig, verhüllt, aber unüberhörbar das Gericht angekündigt. In Log 66 wird dem entsprechend nochmals auf Jesus als „Eckstein" rekurriert.

Durch die hier angedeutete Erhöhung soll der Sohn zum Grundstein für die Gemeinschaft des Reichs Gottes eingesetzt werden. Ergänzend zu den obigen Gleichnissen statuiert Log 67, dass Kern der genannten Verirrungen die Selbst-Verfehlung, die Verfehlung des Lebens in Gott ist: Wer sich selbst verfehlt und dadurch Schaden an seiner Seele nimmt, dem nützt auch die ganze wunderbare Erkenntnis (Gnosis) des Alls nichts.

Rätselhaft ist auch der anderweitige Widerstand der Menschen gegen das Reich Gottes. Daher preist nach Log 68 Jesus die Jünger und -innen selig, die von solchen Menschen gehasst und verfolgt werden; zusätzlich weissagt er, dass die Verfolger keinen Platz im Reich Gottes finden werden. Selig gepriesen werden auch diejenigen, die „in ihrem Herzen" verfolgt und geängstigt werden, und schließlich auch die körperlich und geistig „Hungrigen" (Log 69). Entscheidend kommt es nach Log 70 auf das Innere der Jünger und -innen an, auf das Bewusstsein ihres Selbst als Söhne und Töchter Gottes, auf Glauben und Erkenntnis. Dies Bewusstsein wird sie erretten, kann sie aber, wenn es fehlt, auch töten. Jesus wird deshalb das System der Welt mit seinen verderblichen Strukturen „zerstören" (nach Log 71 wird dabei „dieses Haus", der Tempel in Jerusalem besonders angesprochen), und niemand soll es dann wieder „erbauen" können. Charakteristisch für die Welt ist die Zerspaltung und Zerteilung, daher lehnt Jesus in Log 72 auch ab, eine Erbengemeinschaft mit Geschwistern zu „teilen".

In den Log 73 - 76 geht es wiederum um Anstöße des Reichs Gottes, die schwer zu begreifen sind. So stellt Jesus in Log 73 fest, dass die „Ernte" des Gottesreichs, sein Tätigkeitsbereich groß und umfassend sind, aber leider nur wenige zur Arbeit darin bereit sind. Deshalb bedarf es des Gebets um die Aussendung von „Arbeitern" zur Ernte. Log 74 ist auch ein solches Gebet, denn viele befinden sich nur um den „Brunnen" zum Leben herum, aber niemand will sich darein begeben, um daraus zu trinken. Nach Log 75 stehen auch viele vor der Tür zum „Brautgemach" des Reichs Gottes, jetzt sind es aber die „Einzelnen", d.h. die eins mit Gott, mit sich und dem Nächsten sind, die in das Brautgemach (s. auch Log 49 S.1) eingehen werden. Dieser Hoffnungsklang dominiert jetzt auch in Log 76. Dieses enthält das Gleichnis vom Reich Gottes als kostbarer Perle, wegen derer ein Kaufmann seine gesamte Warenladung verkauft und einzig die Perle kauft. Deshalb gilt es, mit aller

Kraft nach diesem Gottesreich zu streben und zu suchen, da nur dieses ein unvergängliches Gut ist, das ewigen Bestand hat.

Kapitel 6 setzt mit einem wohl redaktionellen, protologisch - christologischen Ich-bin-Wort über Jesus selbst als „Licht" über allem und als „All" ein, dessen Ursprung und Ziel er auch sei (Log 77 S. 1). Diese christologische Spitzenaussage über Jesus als Repräsentanten des himmlischen Reichs leitet dann über zu Log 78, durch das Jesus paradoxer Weise in seiner irdischen Einfachheit und Niedrigkeit gezeigt wird, allerdings in deutlicher Abgrenzung zu der Wankelmütigkeit und dem Luxusleben der Mächtigen. Log 79 S.1 und 2 ziehen wiederum Jesu Rolle ins Irdische und Reale: Es kommt danach nicht auf die Glorifizierung seiner leiblichen Mutter an, weil sie ihn geboren hat, sondern wiederum maßgeblich auf das „Hören" und „Beachten" des „Worts des Vaters". Dies gilt nach S. 2 umso mehr, als die „Tage" der eschatologischen Drangsal und des Gerichts vor der Tür stehen. Dementsprechend ist auch die Welt und ihre Verderben bringende Macht wiederum als „Leichnam", somit als tot und wirkungslos zu erkennen (Log 80; s. auch Log 56). In diesem Sinne kritisiert auch Log 81 die von ihm benannten Strukturen der Welt und ruft dazu auf, auf Reichtum und Macht zu verzichten, das entspräche einem wirklichen „Königsein", wie Jesus es repräsentierte. Log 82 rekurriert dann ausdrücklich wieder auf die Person Jesu und schließt damit das Kapitel. Wer ihm, Jesus „nahe" ist, ist zwar auch dem „Feuer", dem Gericht, der eschatologischen Drangsal nahe, aber wer ihm „fern" ist, verfehlt das Entscheidende, das „Königreich Gottes". Damit wird auch das Thema des 6. Kapitels abschließend formuliert: das R e i c h G o t t e s u n d d i e P e r s o n J e s u.

Das 7. und letzte Kapitel befasst sich mit dem N e u e n M e n s c h e n u n d d e r N e u e n W e l t d e s R e i c h s G o t t e s. Es wird eingeleitet durch eine wiederum redaktionelle Sprucheinheit, nämlich Log 83/84, bei denen es um die Ur- und Ab-Bilder des Menschen geht und die somit wiederum eine betont protologisch - schöpfungstheologische Aussage haben.

Danach sind die „Bilder", die dem Menschen sichtbar sind, die geschaffenen Dinge der Welt und besonders die Menschen selbst. Das „Licht" in ihnen ist allerdings noch verborgen, soll aber enthüllt werden und sich offenbaren, abgesehen vom „Bild des Vaters" (also Gottes), das in der Verhüllung bleibt. Die Ur-Bilder, die dem anfänglichen Licht entsprechen, enthalten unsere schöpfungsmäßige Bestimmung und Verantwortung in der Welt (Log 83). Nach Log 84 sind sie allerdings auch geeignet, uns zu erstaunen und zu erschrecken, wir freuen uns dagegen über unsere Ab-Bilder, die uns spiegeln und unserem Ego schmeicheln.

Log 85 befasst sich dann mit dem ersten Menschen, Adam. Von ihm wird gesagt, dass er, obwohl er aus einer „großen Macht" und einem „großen Reichtum" entstanden sei, der Jünger Jesu nicht „würdig" geworden und daher auch dem Tod verfallen sei. Im Gegensatz zu ihm steht nach Log 86 der „Sohn des Menschen", in dem Jesus sich selbst mit seiner unbehausten Wanderexistenz sieht. Als Weisheits-Wort über den Menschen allgemein ist das Logion nicht anzusehen, jedoch äußert sich das Wort über Jesus als Repräsentanten einer neuen Menschheit, des Neuen Menschen. Dieser entspricht dem ursprünglichen Menschen der Schöpfung in seiner Bestimmung zu Einheit und Ganzheitlichkeit, er erfährt allerdings auch Ablehnung durch die Welt. Log 87 warnt davor, dass der erneuerte Mensch mit seinem Leib sich nicht an einen Leib, einen anderen oder auch den eigenen, oder auch seine Seele nicht an beide fixiert. Das Wort will daher diesen Menschen durch seine Freiheit und Unabhängigkeit bestimmt sehen.

Log 88 kündigt Boten und Propheten an, die zu den Jüngern und -innen kommen, und ihnen das ihnen Zustehende geben werden, nämlich die Botschaft, das Wort vom Reich Gottes und die Heilung der Kranken; daraufhin sollen ihnen die Jünger ihren Unterhalt geben und sich darüber hinaus auch danach fragen, was diesen sonst noch „zusteht", nämlich die Ausführung und Weiterverkündigung des Worts.

In der Folge wird dann in den Log 89 bis 94/95 dargestellt, was noch näher zu dieser Verkündigung des Neuen Menschen dazugehört: Log 89 stellt darauf ab, dass die alten kultischen Reinheits-Vorschriften nach Jesu Auffassung überholt seien, da sie der Schöpfungsordnung widersprächen. Demgegenüber sagt Log 90 aus, dass Jesu Auslegung des Gesetzes „sanft" und seine Herrschaft „milde" und nicht autoritär sei.

Nach Log 91 geht es nicht darum, zu wissen, wer er, Jesus sei, um an ihn zu glauben, vielmehr sei entscheidend, den „Augenblick", die hereingebrochene Zeit des Reichs Gottes zu beachten, daraus ergebe sich auch die gerechte Norm, das richtige Verhalten. Log 92 und 94 bilden eine Einheit: Es handelt sich bei ihnen darum, nach der Gottesherrschaft zu „suchen", dieser Suche wird Erfüllung verheißen. Individuell gilt dies zunächst den Jüngern und -innen (Log 92: ihr!) und generell jedem (Log 94: wer!). Eingeschränkt wird das Suchen und Finden freilich durch das inklusive Log 93 insofern, als allerdings völlig Unwürdigen („Hunde" und „Schweine") ein Anteil an der Heilsbotschaft nicht zu geben sei. In Log 95 geht es um das „Geben" von Geld an Bedürftige: Das Geld soll nicht gegen Zinsen gewährt werden, sondern sogar an den, von dem der Geber es nicht zurückerhalten wird, ein Hinweis auf die Gerechtigkeit des Reichs Gottes, die alle herkömmlichen Grenzen und Beschränkungen überschreitet.

In Log 96 bis 98 folgen nun wieder Gleichnisse, die ebenfalls auf das Reich Gottes abstellen und das ihm entsprechende Verhalten der dazu gehörigen Neuen Menschen. So wird in Log 96 das „Reich des Vaters" mit einer Frau verglichen, die ein wenig Sauerteig nimmt und im Mehl verbirgt und daraus große Brote macht. In diesem Kontrast von verborgenem Anfang und der auffälligen Durchdringung und Ausweitung des Brotteigs wird die Hoffnung auf die überwältigende Macht des Gottesreichs in der Welt dargestellt, an der hier besonders auch die

Frau beteiligt ist. Auch im nächsten Gleichnis Log 97 ist eine Frau beteiligt, die Frau mit dem Krug, der voll von Mehl war.
Sie merkte nicht, dass das Mehl während ihres Wegs infolge eines Missgeschicks aus dem Krug rieselte und dieser zum Schluss leer war. Da hier auch wieder das Reich Gottes angesprochen ist, wird man im Gegensatz zu Log 96 hier von einer Warnung ausgehen dürfen, dass das Reich Gottes durch mangelnde Wachsamkeit und Bewusstheit der Menschen auch verpasst werden kann. Ein drittes Gleichnis ist abschließend Log 98, das höchst anstößig von einem Attentäter handelt, der sich mit Präzision und Umsicht darin übt, einen „mächtigen Mann" zu töten. Ein dementsprechend präzises und umsichtiges Verhalten soll auch nötig sein bei allen Bemühungen um unseren Beitrag zur Errichtung des Gottesreichs.
In Log 99 steht die neue Gemeinschaft des Reichs Gottes im Mittelpunkt. Nicht die traditionelle Familie, sondern die Jüngerschar, die den Willen Gottes „tut", wird als solche in das Reich Gottes eingehen. In Log 100 wird dementsprechend betont, was dem Gotteswillen im gesellschaftlichen Bereich entspricht, nämlich dem Kaiser nur das zu geben, was zu seinem Zuständigkeitsbereich zählt, etwa die Rückgabe des verausgabten Geldes, und Gott alles übrige, was seinem Reich unterliegt, dazu gehört auch die Gestaltung des politischen Bereichs durch Gerechtigkeit und Solidarität. Angefügt ist hier deshalb auch noch die Prägung des Gottesreichs durch Jesus in der Formulierung: „und das, was mein ist, gebt mir!", die gerade die obengenannten Werte umschließt. Zur Distanz von der traditionellen Familie passt wieder Log 101, das die paradoxe Forderung Jesu enthält, die leiblichen Eltern zu „hassen", sich von ihnen zu emanzipieren zugunsten der himmlischen Eltern, nämlich Gottes und der heiligen Geist-Mutter, die es zu „lieben" gelte; denn nicht die leibliche Mutter, sondern der mütterliche Geist habe ihm das wahre Leben gegeben.
Das Gegenbild zur neuen Menschen-Gemeinschaft des Reichs Gottes sind die Volksführer Israels, besonders die Pharisäer, die in Log 102 mit einem „Hund" verglichen werden, der auf dem

„Futtertrog der Rinder" liegt, „weder frisst er noch lässt er die Rinder fressen".

Durch ihre ungerechte und ausbeuterische Amtsführung hindern diese die Menschen, die Wohltaten des Reichs Gottes aufzunehmen, die sie auch selbst nicht gewinnen. Sie gehören zur „alten" Welt; deren Mächte vergleicht Jesus dann auch mit „Räubern", gegen die die Menschen „aufstehen" sollten, ihre Kraft „sammeln" und ihre Lenden „gürten" zum Zwecke einer konzentrierten Aufmerksamkeit und eines aktiven, aber gewalt-freien Kampfes (Log 103). Auch in Log 104 geht es wieder um die Welt und ihre Fasten- und Gebets-Rituale. Jesus lehnt auch diese in der gegenwärtigen Heilszeit ab, denn er sieht sich jetzt ohne „Sünde" und auch nicht „besiegt" von den Mächten der alten Welt und des Bösen. Anders allerdings, wenn „der Bräuti-gam aus dem Brautgemach herauskommt", womit die Tage der endzeitlichen Drangsal gemeint sein werden, die von Jesus ertragen werden sollen (vgl. dazu auch Log 38 S.2, wo ebenfalls sein Leiden und Tod angedeutet wird). Jesus wird sodann sogar die Beschimpfung als „Hurensohn" erdulden müssen, obwohl er der wahre Sohn ist, der Vater und Mutter „erkennen" wird (Log 105). Log 106 kommt dann wieder auf die wirkliche Menschen - Gemeinschaft des Reichs Gottes zurück, die „Menschensöhne" in der Nachfolge des „Menschensohns", zu denen diejenigen gehören, die die „zwei" zu „einem" machen werden (s. auch Log 22 S.3ff) und die sogar „Berge versetzen" können (vgl. auch Log 48).

In Log 108 geht es um die Einswerdung der Jünger und Jüngerinnen mit Jesus, die „von seinem Munde trinken" werden, seine Lehre, Geist und Weisheit von ihm aufnehmen werden. Ihnen wird auch die Offenbarung des „Verborgenen" verheißen und damit auch die Enthüllung des Sinns der beiden Gleichnisse, die Log 108 umgeben, nämlich Log 107 und 109. Bei diesen handelt es sich einerseits um das Gleichnis vom Schatz im Acker, den der Käufer eines Grundstücks fand, andererseits um das Gleichnis vom verlorenen Schaf, das der Hirte suchte und fand.

Bei dem ersteren geht es wieder um das zu erstrebende Reich Gottes, das schließlich von der Jüngerschar gefunden werden soll, aber auch schon früher von den zurückliegenden Generationen Israels gesucht worden ist. Bei dem Gleichnis vom verlorenen Schaf handelt es sich nach seiner Überschrift auch um das Reich Gottes; dieser nimmt sich nach der synoptischen Tradition mit dem „verlorenen Schaf" der „Sünder" und Verirrten an und spricht ihnen Vergebung und Liebe zu. Hier könnte es sich aber auch um das verirrte Volk Israel als Gemeinschaft des Gottesreichs handeln, das als „größtes Schaf" für Gott von größter Bedeutung war und dessen Wiederfinden für ihn auch die größte Freude bedeuten sollte.

Mit Log 110 beginnt der letzte Absatz des 7. Kapitels, der sich mit der „alten" Welt und im Gegensatz dazu mit der Neuen Welt des eschatologischen Reichs Gottes befasst, in einer Art Endspurt vor dem Ziel (so treffend Plisch!). Es fordert diejenigen endgültig auf, die sich der Welt, also den Mächten von Geld, Herrschaft und Ansehen anheim gegeben haben, diesen zu entsagen, zugunsten der Herrschaft Gottes. Log 111 begründet das damit, dass diese alsbald mit „Himmel" und „Erde" untergehen würden, nur der „Lebendige" (der Mensch) „aus dem Lebendigen" (Gott) werde dann noch leben. Eine bemerkenswerte redaktionelle Bemerkung dazu ist ein als Jesus-Wort angefügtes Zitat: „Wer sich selbst gefunden hat, dessen ist die Welt nicht würdig". Damit geht es der Redaktion nicht mehr um das Problem des realen Untergangs der Welt, sondern um ihre letzte Unwichtigkeit und Bedeutungslosigkeit, wenn der Mensch sein wirkliches Selbst gefunden hat (Log 111 S.3). Von einer ähnlichen Selbstfindung spricht auch Log 112: Diese wird nämlich dann verfehlt, wenn das „Fleisch" des Menschen zu sehr auf die „Seele" und ihre Leidenschaften und seine „Seele" zu sehr auf das „Fleisch" mit seinen Schwächen fokussiert sind.

Log 113 lässt sich nochmals abschließend über die Frage des Kommens der Neuen Welt des Reichs Gottes aus (vgl. auch Log 3 u. 51).

Die Antwort lautet dahin, dass dieses bereits „über die Erde ausgebreitet" ist, aber „die Menschen sehen es nicht". Es ist nicht nur in der Seele der Menschen oder am Ende der Welt oder in einer jenseitigen Welt zu finden, sondern jetzt schon über die ganze Erde ausgebreitet, in vielerlei historischen, existentiellen und sozialen Bezügen und Möglichkeiten. Es geht für die Menschen nur darum, dies zu „sehen" und vertrauensvoll anzunehmen.

Ein wohl später von der Schlussredaktion noch angehängtes Zusatzwort ist Log 114, das ein Gespräch des Simon Petrus mit Jesus über die Stellung der Maria Magdalena enthält. Auf den Vorwurf des Petrus, Maria sei des „Lebens" (im Sinne des Reichs Gottes) nicht „würdig", widerspricht Jesus und nimmt in Anspruch, sie dahin zu „führen", dass sie „männlich" werde; denn jede Frau, die sich „männlich mache", werde in das Reich Gottes eingehen. Dieses Wort ist nicht frauenfeindlich gedacht, sondern wiederholt noch einmal den entscheidenden Gedanken von Log 22 S.4ff, wonach es grundsätzlich das Ziel ist, die „zwei" zu „einem" zu machen, und zwar „indem ihr das Männliche und das Weibliche" zu einem „Einzigen" macht. Dadurch soll die Spaltung und Entfremdung zwischen den Geschlechtern aufgehoben werden, zum Zweck ihrer Ganzheit und Einswerdung. Dies entspricht letztlich auch der Grundaussage des EvThom, dass das Reich Gottes, das Leben zentral in der Einheit und Ganzheitlichkeit der Menschen in einer neuen Welt zu finden ist.

(Zu allen Einzelheiten s. auch ausführlich der Kommentar von R. Nordsieck, Das Thomas-Evangelium, 4. Auflage, Neukirchener Verlag 2014).

PROLOG UND LOG 1 (Die Worte Jesu und das Evangelium vom Leben)

1. DIES SIND DIE VERBORGENEN WORTE, DIE DER LEBEN-DIGE JESUS SAGTE, UND JUDAS THOMAS SCHRIEB SIE AUF. 2. UND ER SAGTE: WER DIE DEUTUNG DIESER WORTE FINDET, WIRD DEN TOD NICHT SCHMECKEN. *

A. VOM SUCHEN UND FINDEN DES REICHS GOTTES

LOG 2 (Vom Suchen nach dem Reich Gottes)

1. JESUS SPRACH: WER SUCHT, SOLL NICHT AUFHÖREN ZU SUCHEN, BIS ER FINDET. 2. UND WENN ER FINDET, WIRD ER BESTÜRZT SEIN. 3. UND WENN ER BESTÜRZT IST, WIRD ER KÖNIG SEIN. 4. UND WENN ER KÖNIG IST, WIRD ER RUHEN. *

LOG 3 (Das Reich Gottes innerhalb und außerhalb der Menschen)

1. JESUS SPRACH: WENN DIE, DIE EUCH VORANGEHEN, ZU EUCH SAGEN: SIEHE, IM HIMMEL IST DAS KÖNIGREICH, DANN WERDEN EUCH DIE VÖGEL DES HIMMELS ZUVOR-KOMMEN. 2. WENN SIE ZU EUCH SAGEN: ES IST UNTER DER ERDE, DANN WERDEN DIE FISCHE DES MEERES EUCH ZUVORKOMMEN. 3. VIELMEHR IST DAS KÖNIGREICH GOTTES INNERHALB VON EUCH UND AUSSERHALB VON EUCH.

4. WER SICH SELBST ERKENNT, WIRD DIESES FINDEN, UND WENN IHR EUCH ERKENNT, DANN WERDET IHR WISSEN, DASS IHR DIE KINDER DES LEBENDIGEN VATERS SEID.
5. WENN IHR EUCH ABER NICHT ERKENNT, DANN EXISTIERT IHR IN ARMUT, UND IHR SEID DIE ARMUT. *

LOG 4 (Kinder und Reich Gottes)

1. JESUS SPRACH: DER MENSCH, ALT IN SEINEN TAGEN, WIRD NICHT ZÖGERN, EIN KLEINES KIND VON SIEBEN TAGEN ÜBER DEN ORT DES LEBENS ZU BEFRAGEN, UND ER WIRD LEBEN. 2. DENN VIELE ERSTE WERDEN LETZTE SEIN UND DIE LETZTEN ERSTE. 3. UND SIE WERDEN EIN EINZIGER SEIN. *

LOG 5 (Das Geheimnis des Reichs Gottes)

1. JESUS SPRACH: ERKENNE, WAS VOR DEINEM ANGESICHT IST, UND DAS, WAS FÜR DICH VERBORGEN IST, WIRD SICH DIR ENTHÜLLEN. 2. DENN ES GIBT NICHTS VERBORGENES, DAS NICHT OFFENBAR WERDEN WIRD, UND ES IST NICHTS BEGRABEN, WAS NICHT AUFERWECKT WERDEN WIRD. *

LOG 6 (Kultische Regeln und Wahrhaftigkeit)

1. SEINE JÜNGER FRAGTEN IHN, UND SIE SAGTEN ZU IHM: WIE SOLLEN WIR FASTEN? UND IN WELCHER WEISE SOLLEN WIR BETEN UND ALMOSEN GEBEN? UND AUF WELCHE SPEISEN SOLLEN WIR ACHTGEBEN?
2. JESUS SPRACH: LÜGT NICHT.

3. UND TUT NICHT DAS, WAS IHR HASST. 4. DENN ALLES IST ENTHÜLLT VOR DEM ANGESICHT DER WAHRHEIT.5. SOMIT GIBT ES NICHTS VERBORGENES, DAS NICHT OFFENBAR WERDEN WIRD. 6. UND ES GIBT NICHTS VER-HÜLLTES, DAS OHNE ENTHÜLLUNG BLEIBEN WIRD. *

LOG 7 (Menschlichkeit und Aggression)

1. JESUS SPRACH: SELIG IST DER LÖWE, DEN DER MENSCH ESSEN WIRD, UND DER LÖWE WIRD MENSCH SEIN.
2. UND ABSCHEULICH IST DER MENSCH, DEN DER LÖWE ESSEN WIRD, [(UND DER MENSCH WIRD LÖWE SEIN)].

LOG 8 (Gleichnis vom großen Fisch)

1. UND ER SPRACH: DER MENSCH GLEICHT EINEM VERSTÄNDIGEN FISCHER, DER SEIN NETZ INS MEER WARF. UND ER ZOG ES HERAUF AUS DEM MEER, GEFÜLLT MIT KLEINEN FISCHEN. 2. UNTER IHNEN FAND DER VERSTÄN-DIGE FISCHER EINEN GROSSEN, GUTEN FISCH. 3. ER WARF ALLE KLEINEN FISCHE HINAB INS MEER, UND ER WÄHLTE DEN GROSSEN FISCH OHNE MÜHE. 4. WER OHREN HAT ZU HÖREN, SOLL HÖREN.

LOG 9 (Gleichnis von der vierfachen Saat)

1. JESUS SPRACH: SIEHE, EIN SÄMANN ZOG AUS. ER FÜLLTE SEINE HAND UND WARF AUS. 2. EINIGES FIEL AUF DEN WEG. DIE VÖGEL KAMEN UND PICKTEN ES AUF.

3. ANDERES FIEL AUF DEN FELS, UND ES TRIEB KEINE WURZEL HINAB IN DIE ERDE, UND ES LIESS KEINE ÄHREN EMPORSPRIESSEN. 4. UND ANDERES FIEL UNTER DIE DORNEN, SIE ERSTICKTEN DIE SAAT, UND DER WURM FRASS SIE. 5. UND ANDERES FIEL AUF GUTE ERDE, UND SIE BRACHTE GUTE FRUCHT HERVOR. ES KAM SECHZIGFÄLTIG UND HUNDERTZWANZIGFÄLTIG.

LOG 10 (Das Feuer des Gerichts)

JESUS SPRACH: ICH HABE FEUER IN DIE WELT GEWORFEN, UND SIEHE, ICH BEWAHRE ES, BIS ES LODERT.

LOG 11 (Der Weltuntergang und die Lebenden)

1. JESUS SPRACH: DIESER HIMMEL WIRD VERGEHEN, UND DER HIMMEL OBERHALB VON IHM WIRD VERGEHEN.
2. UND DIE TOTEN LEBEN NICHT, ABER DIE LEBENDEN WERDEN NICHT STERBEN. 3. IN DEN TAGEN, ALS IHR TOTES VERZEHRT HABT, HABT IHR ES LEBENDIG GEMACHT. WENN IHR IM LICHT SEID, WAS WERDET IHR TUN? 4. AN DEM TAGE, ALS IHR EINER WART, SEID IHR ZWEI GEWORDEN. WENN IHR ABER ZWEI GEWORDEN SEID, WAS WERDET IHR TUN?

LOG 12 (Jakobus und die Nachfolge Jesu)

1. DIE JÜNGER SPRACHEN ZU JESUS: WIR WISSEN, DASS DU VON UNS GEHEN WIRST. WER IST ES, DER DANN ÜBER UNS GROSS SEIN WIRD? 2. JESUS SPRACH ZU IHNEN: WOHER AUCH IMMER IHR GEKOMMEN SEID, ZU JAKOBUS DEM GERECHTEN SOLLT IHR GEHEN, UM DESSENTWILLEN DER HIMMEL UND DIE ERDE ENTSTANDEN SIND.

LOG 13 (Das Bekenntnis des Thomas)

1. JESUS SPRACH ZU SEINEN JÜNGERN: VERGLEICHT MICH UND SAGT MIR, WEM ICH GLEICHE. 2. SIMON PETRUS SPRACH ZU IHM: DU GLEICHST EINEM GERECHTEN BOTEN. 3. MATTHÄUS SPRACH ZU IHM: DU GLEICHST EINEM VERSTÄNDIGEN PHILOSOPHEN. 4. THOMAS SPRACH ZU IHM: LEHRER, MEIN MUND VERMAG ES GANZ UND GAR NICHT ZU ERTRAGEN ZU SAGEN, WEM DU GLEICHST.
5. JESUS SPRACH: ICH BIN NICHT DEIN LEHRER. DENN DU HAST GETRUNKEN, DU HAST DICH BERAUSCHT AN DER SPRUDELNDEN QUELLE, DIE ICH AUSGEMESSEN HABE.
6. UND ER NAHM IHN, ER ZOG SICH ZURÜCK UND SAGTE IHM DREI WORTE. 7. ALS THOMAS ABER ZU SEINEN GEFÄHRTEN KAM, BEFRAGTEN SIE IHN: WAS HAT DIR JESUS GESAGT? 8. THOMAS SPRACH ZU IHNEN: WENN ICH EUCH EINES VON DEN WORTEN SAGE, DIE ER MIR GESAGT HAT, WERDET IHR STEINE AUFHEBEN UND AUF MICH WERFEN, UND FEUER WIRD AUS DEN STEINEN HERAUSKOMMEN UND EUCH VERBRENNEN.

LOG 14 (Zur Außerkraftsetzung von Kultvorschriften)

1. JESUS SPRACH ZU IHNEN: WENN IHR FASTET, WERDET IHR EUCH SÜNDE HERVORBRINGEN. 2. UND WENN IHR BETET, WERDET IHR VERURTEILT WERDEN. 3. UND WENN IHR ALMOSEN GEBT, WERDET IHR SCHLECHTES FÜR EUREN GEIST TUN. 4. UND WENN IHR IN IRGENDEIN LAND GEHT UND WANDERT VON ORT ZU ORT UND WENN SIE EUCH AUFNEHMEN, DANN ESST DAS, WAS MAN EUCH VORSETZEN WIRD. DIE KRANKEN UNTER IHNEN HEILT.
5. DENN WAS IN EUREN MUND HINEINGEHEN WIRD, WIRD EUCH NICHT VERUNREINIGEN. VIELMEHR DAS, WAS AUS EUREM MUND HERAUSKOMMT, DAS IST ES, WAS EUCH VERUNREINIGEN WIRD.

LOG 15 (Die Anbetung Gottes)

JESUS SPRACH: WENN IHR DEN SEHT, DER NICHT VON EINER FRAU GEBOREN WURDE, WERFT EUCH NIEDER AUF EUER ANGESICHT UND BETET IHN AN. JENER IST EUER VATER.

LOG 16 (Jesus, der Friedensstifter als Bringer von Konflikten)

1. JESUS SPRACH: VIELLEICHT DENKEN DIE MENSCHEN, DASS ICH GEKOMMEN BIN, FRIEDEN IN DIE WELT ZU WER-FEN. 2. DOCH SIE WISSEN NICHT, DASS ICH GEKOMMEN BIN, STREITIGKEITEN AUF DIE ERDE ZU WERFEN: FEUER, SCHWERT, KRIEG. 3. ES WERDEN NÄMLICH FÜNF IN EINEM HAUS SEIN: ES WERDEN DREI GEGEN ZWEI SEIN UND ZWEI GEGEN DREI.

DER VATER (WIRD) GEGEN DEN SOHN (SEIN) UND DER SOHN GEGEN DEN VATER. 4. ABER SIE WERDEN DASTEHEN ALS EINZELNE.

LOG 17 (Jesus, der Bringer des eschatologischen Heils)

JESUS SPRACH: ICH WERDE EUCH DAS GEBEN, WAS KEIN AUGE GESEHEN UND WAS KEIN OHR GEHÖRT HAT UND WAS KEINE HAND BERÜHRT HAT UND WAS IN KEINES MENSCHEN HERZ GEKOMMEN IST.

LOG 18 (Das Ende wie der Anfang)

1. DIE JÜNGER SPRACHEN ZU JESUS: SAGE UNS, WIE WIRD UNSER ENDE SEIN? 2. JESUS SPRACH: HABT IHR DENN SCHON DEN ANFANG ENTDECKT, DASS IHR JETZT NACH DEM ENDE FRAGT? DENN WO DER ANFANG IST, DORT WIRD AUCH DAS ENDE SEIN. 3. SELIG IST DER, DER IM ANFANG STEHEN WIRD. DA WIRD ER DAS ENDE ERKENNEN, UND ER WIRD DEN TOD NICHT SCHMECKEN.

LOG 19 (Das Erkennen der Mächte des Paradieses und Hören auf Jesu Worte)

1. JESUS SPRACH: SELIG IST, WER WAR, BEVOR ER WURDE.
2. WENN IHR MIR ZU JÜNGERN WERDET UND AUF MEINE WORTE HÖRT, WERDEN EUCH DIESE STEINE DIENEN.
3. DENN IHR HABT FÜNF BÄUME IM PARADIES, DIE SICH NICHT BEWEGEN IM SOMMER UND IM WINTER, UND IHRE BLÄTTER FALLEN NICHT AB.

4. WER SIE ERKENNEN WIRD, WIRD DEN TOD NICHT SCHMECKEN.

B. VOM ANBRUCH DES REICHS GOTTES IN UND GEGEN-ÜBER DER WELT

LOG 20 (Gleichnis vom kleinen Senfkorn)

1. DIE JÜNGER SPRACHEN ZU JESUS: SAGE UNS, WEM DAS KÖNIGREICH DER HIMMEL GLEICHT! 2. ER SPRACH ZU IHNEN: EINEM SENFKORN GLEICHT ES. 3. ES IST DER KLEINSTE VON ALLEN SAMEN. 4. WENN ES ABER AUF DIE ERDE FÄLLT, DIE BEARBEITET WIRD, BRINGT ES EINEN GROSSEN ZWEIG HERVOR UND WIRD ZUM SCHUTZ FÜR DIE VÖGEL DES HIMMELS.

LOG 21 (Distanz zu den Mächten der Welt)

1. MARIA SPRACH ZU JESUS: WEM GLEICHEN DEINE JÜNGER? 2. ER SPRACH: SIE GLEICHEN KLEINEN KINDERN, DIE SICH AUF EINEM FELD NIEDERGELASSEN HABEN, DAS IHNEN NICHT GEHÖRT. 3. WENN DIE HERREN DES FELDES KOMMEN, WERDEN SIE SAGEN: LASST UNS UNSER FELD.
4. SIE (ABER) ZIEHEN SICH NACKT VOR IHNEN AUS, DAMIT SIE ES IHNEN LASSEN, UND GEBEN IHNEN IHR FELD.
5. DESHALB SAGE ICH EUCH: WENN DER HAUSHERR ERFÄHRT, DASS DER DIEB IM BEGRIFF IST ZU KOMMEN, WIRD ER WACHSAM SEIN, BEVOR ER KOMMT, UND WIRD

IHN NICHT EINDRINGEN LASSEN IN SEIN HAUS, SEINEN HERRSCHAFTSBEREICH, DASS ER SEINE HABE WEG-NEHME. 6. IHR ABER SEID WACHSAM GEGENÜBER DER WELT! 7. GÜRTET EURE LENDEN MIT GROSSER KRAFT, DAMIT DIE RÄUBER KEINEN WEG FINDEN, UM ZU EUCH ZU KOMMEN. 8. DENN DEN BESITZ, NACH DEM IHR AUS-SCHAUT, WERDEN SIE SONST FINDEN. 9. ES MÖGE IN EURER MITTE EIN VERSTÄNDIGER MENSCH SEIN. 10. ALS DIE FRUCHT REIF WAR, KAM ER IN EILE MIT SEINER SICHEL IN DER HAND, UND ER ERNTETE SIE. 11. WER OHREN HAT ZU HÖREN, SOLL HÖREN.

LOG 22 (Einssein im Reich Gottes)

1. JESUS SAH KLEINE KINDER, DIE GESTILLT WURDEN.
2. ER SPRACH ZU SEINEN JÜNGERN: DIESE KLEINEN, DIE GESTILLT WERDEN, GLEICHEN DENEN, DIE IN DAS KÖNIG-REICH EINGEHEN. 3. SIE SPRACHEN ZU IHM: WERDEN WIR DENN ALS KLEINE IN DAS KÖNIGREICH EINGEHEN?
4. JESUS SPRACH ZU IHNEN: WENN IHR DIE ZWEI ZU EINEM MACHT UND WENN IHR DAS INNERE WIE DAS ÄUSSERE MACHT UND DAS ÄUSSERE WIE DAS INNERE UND DAS OBERE WIE DAS UNTERE, 5. DAMIT IHR DAS MÄNN-LICHE UND DAS WEIBLICHE ZU EINEM EINZIGEN MACHT, AUF DASS DAS MÄNNLICHE NICHT MÄNNLICH UND DAS WEIBLICHE NICHT WEIBLICH SEIN WIRD, 6. WENN IHR (NEUE) AUGEN MACHT ANSTELLE EINES AUGES UND EINE (NEUE) HAND ANSTELLE EINER HAND UND EINEN (NEUEN) FUSS ANSTELLE EINES FUSSES, EIN (WIRKLICHES) BILD ANSTELLE EINES BILDES, 7. DANN WERDET IHR EINGEHEN IN DAS KÖNIGREICH.

LOG 23 (Erwählung zum Reich Gottes)

1. JESUS SPRACH: ICH WERDE EUCH AUSERWÄHLEN, EINEN AUS TAUSEND UND ZWEI AUS ZEHNTAUSEND. 2. UND SIE WERDEN DASTEHEN ALS EIN EINZIGER.

LOG 24 (Vom Lichtmenschen, der der Welt leuchtet)

1. SEINE JÜNGER SPRACHEN: ZEIGE UNS DEN ORT, AN DEM DU BIST, WEIL ES FÜR UNS NÖTIG IST, DASS WIR NACH IHM SUCHEN. 2. ER SPRACH ZU IHNEN: WER OHREN HAT, SOLL HÖREN. 3. ES IST LICHT IM INNEREN EINES LICHT-MENSCHEN, UND ER LEUCHTET DER GANZEN WELT. WENN ER NICHT LEUCHTET, IST FINSTERNIS.

LOG 25 (Das Liebesgebot)

1. JESUS SPRACH: LIEBE DEINEN BRUDER WIE DEINE SEELE. 2. BEHÜTE IHN WIE DEINEN AUGAPFEL.

LOG 26 (Über das Richten)

1. JESUS SPRACH: DEN SPLITTER, DER IM AUGE DEINES BRUDERS IST, SIEHST DU, DEN BALKEN ABER, DER IN DEINEM AUGE IST, SIEHST DU NICHT. 2. WENN DU DEN BALKEN AUS DEINEM AUGE HERAUSZIEHST, DANN WIRST DU KLAR SEHEN, UM DEN SPLITTER AUS DEM AUGE DEINES BRUDERS HERAUSZUZIEHEN.

En haut à droite : « 59 »

LOG 27 (Zur Erneuerung der Fasten- und Sabbat-Vorschriften)

1. WENN IHR NICHT GEGENÜBER DER WELT FASTET, WERDET IHR DAS KÖNIGREICH GOTTES NICHT FINDEN.
2. UND WENN IHR NICHT DEN SABBAT ZUM SABBAT MACHT, WERDET IHR DEN VATER NICHT SEHEN. *

LOG 28 (Jesus und seine Offenbarung in der Welt)

1. JESUS SPRACH: ICH STAND IN DER MITTE DER WELT, UND ICH OFFENBARTE MICH IHNEN IM FLEISCH. 2. ICH FAND SIE ALLE TRUNKEN. NIEMANDEN UNTER IHNEN FAND ICH DURSTIG. 3. UND MEINE SEELE EMPFAND SCHMERZ ÜBER DIE MENSCHEN - KINDER, WEIL SIE BLIND SIND IN IHREM HERZEN UND NICHT SEHEN, DASS SIE LEER IN DIE WELT KAMEN UND AUCH WIEDER LEER AUS DER WELT HERAUSZUKOMMEN SUCHEN. 4. ZWAR SIND SIE JETZT TRUNKEN. WENN SIE JEDOCH IHREN WEINRAUSCH ABSCHÜTTELN, DANN WERDEN SIE UMKEHREN.

LOG 29 (Sein Fleisch, Körper und Geist)

1. JESUS SPRACH: WENN DAS FLEISCH ENTSTANDEN IST WEGEN DES GEISTES, IST ES EIN WUNDER. 2. WENN ABER DER GEIST WEGEN DES KÖRPERS ENTSTANDEN IST, IST ES EIN WUNDERBARES WUNDER. 3. JEDOCH WUNDERE ICH MICH DARÜBER, WIE DIESER GROSSE REICHTUM IN DIESER ARMUT WOHNUNG GENOMMEN HAT.

LOG 30 (Über die Gegenwart Jesu)

1. JESUS SPRACH: WO AUCH IMMER DREI SIND, SIND SIE OHNE GOTT. 2. WO ABER EINER ODER ZWEI SIND, BIN ICH MIT IHNEN. 3. HEBE DEN STEIN AUF, UND DU WIRST MICH DORT FINDEN. 4. SPALTE DAS STÜCK HOLZ, UND ICH BIN DA.*

LOG 31 (Jesus als Prophet und Arzt)

1. JESUS SPRACH: KEIN PROPHET IST WILLKOMMEN IN SEINEM DORF. 2. EIN ARZT HEILT NICHT DIE, DIE IHN KENNEN.

LOG 32 (Die Gemeinschaft des Reichs Gottes)

JESUS SPRACH: EINE STADT, AUF DEM GIPFEL EINES HOHEN BERGS ERBAUT UND BEFESTIGT, KANN WEDER FALLEN, NOCH WIRD SIE VERBORGEN SEIN KÖNNEN. *

LOG 33 (Die Verkündigung der Jünger an die Welt)

1. JESUS SPRACH: WAS DU HÖREN WIRST MIT DEINEM OHR UND MIT DEM ANDEREN OHR, VERKÜNDIGE ES AUF EUREN DÄCHERN. 2. DENN KEINER ZÜNDET EINE LAMPE AN UND STELLT SIE UNTER EINEN SCHEFFEL, AUCH STELLT ER SIE NICHT AN EINEN VERBORGENEN ORT. 3. VIELMEHR STELLT ER SIE AUF DEN LEUCHTER, DAMIT EIN JEDER, DER HEREINKOMMT UND HINAUSGEHT, IHR LICHT SIEHT.

LOG 34 (Die Botschaft der blinden Volksführer)

JESUS SPRACH: WENN EIN BLINDER EINEN BLINDEN FÜHRT, FALLEN BEIDE HINAB IN EINE GRUBE.

LOG 35 (Die Entmachtung des Bösen in der Welt)

1. JESUS SPRACH: ES IST NICHT MÖGLICH, DASS JEMAND IN DAS HAUS DES STARKEN HINEINGEHT UND ES GEWALTSAM NIMMT, ES SEI DENN, ER FESSELT DESSEN HÄNDE. 2. DANN WIRD ER SEIN HAUS AUF DEN KOPF STELLEN.

C. VOM INHALT DER JÜNGERSCHAFT IN DER GOTTESHERR-SCHAFT,GANZHEITLICH ODER IN SICH UNEINS

LOG 36 (Über das Sorgen der Jünger u. -innen um Speise und Kleidung)

1. JESUS SPRACH: SORGT EUCH NICHT VON FRÜH BIS SPÄT UND VOM ABEND BIS ZUR FRÜHE WEDER UM DIE SPEISE FÜR EUCH, WAS IHR ESSEN SOLLT NOCH UM DIE KLEI-DUNG FÜR EUCH, WAS IHR ANZIEHEN SOLLT. 2. UM VIELES HERRLICHER SEID IHR ALS DIE LILIEN, DIE WEDER KREM-PELN NOCH SPINNEN. 3. (UND WENN IHR NUR EIN KLEID HABT, WORAN HABT IHR MANGEL GEHABT?) 4. WER KÖNNTE EURER LEBENSLÄNGE ETWAS HINZUFÜGEN?
5. ER SELBST WIRD EUCH EUER KLEID GEBEN. *

LOG 37 (Das Aufgeben des Ego als Entkleidung)

1. SEINE JÜNGER SPRACHEN ZU IHM: AN WELCHEM TAG WIRST DU UNS ERSCHEINEN, UND WANN WERDEN WIR DICH SEHEN? 2. ER SPRACH: WENN IHR EUCH ENTKLEIDET, OHNE EUCH GESCHÄMT ZU HABEN, UND EURE KLEIDER NEHMT UND SIE UNTER EURE FÜSSE LEGT WIE KLEINE KINDER UND DARAUF TRAMPELT. 3. DANN WERDET IHR DEN SOHN DES LEBENDIGEN SEHEN, UND IHR WERDET EUCH NICHT FÜRCHTEN. *

LOG 38 (Das Hören der Worte Jesu, jetzt!)

1. JESUS SPRACH: VIELE MALE HABT IHR BEGEHRT, DIESE WORTE ZU HÖREN, DIE ICH EUCH SAGE, UND IHR HABT NIEMAND ANDEREN, SIE VON IHM ZU HÖREN. 2. ES WERDEN TAGE KOMMEN, DA WERDET IHR NACH MIR SUCHEN, UND IHR WERDET MICH NICHT FINDEN. *

LOG 39 (Das Verschließen des Reichs Gottes durch die Volks-führer und das Verhalten der Jünger)

1. JESUS SPRACH: DIE PHARISÄER UND DIE SCHRIFT-GELEHRTEN HABEN DIE SCHLÜSSEL DER ERKENNTNIS EMPFANGEN, DOCH SIE HABEN SIE VERSTECKT. 2. WEDER SIND SIE HINEINGEGANGEN NOCH HABEN SIE DIE GELASSEN, DIE HINEINZUGEHEN BEGEHRTEN. 3. IHR ABER SEID KLUG WIE DIE SCHLANGEN UND OHNE FALSCH WIE DIE TAUBEN!

LOG 40 (Warnung an die Volksführer vor dem Gericht)

1. JESUS SPRACH: EIN WEINSTOCK WURDE AUSSERHALB DES VATERS GEPFLANZT. 2. UND WEIL ER NICHT BEFESTIGT IST, WIRD ER MIT SEINER WURZEL AUSGERISSEN WERDEN UND WIRD ZUGRUNDE GEHEN.

LOG 41 (Vom Umgang der Jünger mit Gaben und Fähigkeiten)

1. JESUS SPRACH: WER ETWAS IN SEINER HAND HAT, IHM WIRD GEGEBEN WERDEN. 2. UND WER NICHTS HAT, AUCH DAS WENIGE, WAS ER HAT, WIRD VON IHM GENOMMEN WERDEN.

LOG 42 (Aufruf, sich nicht an die Welt zu binden)

JESUS SPRACH: WERDET VORÜBERGEHENDE!

LOG 43 (Jesus und das widersprüchliche Verhalten der Jünger)

1. ES SPRACHEN ZU IHM SEINE JÜNGER: WER BIST DU, DASS DU UNS DIES SAGST? 2. (ER SAGTE:) BEGREIFT IHR DENN NICHT AUS DEM, WAS ICH EUCH SAGE, WER ICH BIN? 3. ABER IHR SEID WIE DIE JUDEN GEWORDEN. SIE LIEBEN DEN BAUM, DOCH SIE HASSEN SEINE FRUCHT. ODER SIE LIEBEN DIE FRUCHT, DOCH SIE HASSEN DEN BAUM.

64

LOG 44 (Die Lästerung des Vaters, des Sohnes und des heiligen Geistes)

1. JESUS SPRACH: WER DEN VATER LÄSTERN WIRD, IHM WIRD VERGEBEN WERDEN. 2. UND WER DEN SOHN LÄSTERN WIRD, IHM WIRD VERGEBEN WERDEN.
3. WER ABER DEN HEILIGEN GEIST LÄSTERN WIRD, IHM WIRD NICHT VERGEBEN WERDEN, WEDER AUF DER ERDE NOCH IM HIMMEL.

LOG 45 (Das Herz der Jünger, ganz oder gespalten)

1. JESUS SPRACH: TRAUBEN WERDEN NICHT VON DISTELN GEERNTET NOCH WERDEN FEIGEN VON DORNEN GE-PFLÜCKT, DENN SIE GEBEN KEINE FRUCHT. 2. EIN GUTER MENSCH BRINGT GUTES AUS SEINEM SCHATZ HERVOR.
3. EIN SCHLECHTER MENSCH BRINGT ÜBLES AUS DEM SCHLECHTEN SCHATZ HERVOR, DER IN SEINEM HERZEN IST, UND ER REDET ÜBLES. 4.DENN AUS DEM ÜBERFLUSS DES HERZENS BRINGT ER ÜBLES HERVOR.

LOG 46 (Adam, Johannes und die Kleinen des Reichs Gottes)

1. JESUS SPRACH: VON ADAM BIS ZU JOHANNES DEM TÄUFER GIBT ES UNTER DEN VON FRAUEN GEBORENEN KEINEN, DER JOHANNES DEN TÄUFER ÜBERTRIFFT, SO DASS SEINE AUGEN NICHT BRECHEN WERDEN. 2. ICH HABE ABER GESAGT: WER UNTER EUCH KLEIN WERDEN WIRD, WIRD DAS KÖNIGREICH ERKENNEN, UND ER WIRD JOHANNES ÜBERTREFFEN.

LOG 47 (Die Ganzheit der Hingabe an das Reich Gottes)

1. JESUS SPRACH: ES IST UNMÖGLICH, DASS EIN MENSCH AUF ZWEI PFERDE STEIGT UND ZWEI BOGEN SPANNT.
2. UND ES IST UNMÖGLICH, DASS EIN KNECHT ZWEI HERREN DIENT. VIELMEHR WIRD ER DEN EINEN EHREN UND DEN ANDEREN WIRD ER SCHMÄHEN. 3. KEIN MENSCH TRINKT ALTEN WEIN UND BEGEHRT SOGLEICH, NEUEN WEIN ZU TRINKEN. 4. UND NEUER WEIN WIRD NICHT IN ALTE SCHLÄUCHE GEFÜLLT, DAMIT SIE NICHT ZERREISSEN. AUCH WIRD ALTER WEIN NICHT IN EINEN NEUEN SCHLAUCH GEFÜLLT, AUF DASS ER IHN NICHT VERDERBE.
5. EIN ALTER LAPPEN WIRD NICHT AUF EIN NEUES KLEID GENÄHT, WEIL EIN RISS ENTSTEHEN WIRD.

LOG 48 (Friedenschließen durch die Jünger)

1. JESUS SPRACH: WENN ZWEI MITEINANDER FRIEDEN SCHLIESSEN IN EIN UND DEMSELBEN HAUS, DANN WERDEN SIE ZUM BERG SAGEN: HEBE DICH WEG! UND ER WIRD SICH WEGHEBEN.

LOG 49 (Über die Herkunft aus dem Reich und die Rückkunft dorthin)

1. JESUS SPRACH: SELIG SIND DIE EINZELNEN, DIE ERWÄHLT SIND; DENN IHR WERDET DAS KÖNIGREICH FINDEN. 2. DENN IHR STAMMT AUS IHM UND WERDET WIEDER DORTHIN GEHEN.

LOG 50 (Das Bekenntnis der Erwählten über ihre Herkunft)

1. JESUS SPRACH: WENN SIE ZU EUCH SAGEN: WOHER STAMMT IHR?, DANN SAGT IHNEN: WIR SIND AUS DEM LICHT GEKOMMEN - DEM ORT, WO DAS LICHT AUS SICH SELBST ENTSTANDEN IST, DAS SICH HINGESTELLT HAT UND IN [UNSEREM] BILD ERSCHIENEN IST. 2. WENN SIE ZU EUCH SAGEN: WER SEID IHR?, DANN SAGT: WIR SIND SEINE KINDER, UND WIR SIND DIE ERWÄHLTEN DES LEBENDIGEN VATERS. 3. WENN SIE EUCH FRAGEN: WAS IST DAS ZEICHEN EURES VATERS AN EUCH?, DANN SAGT IHNEN: BEWEGUNG IST ES UND RUHE.

D. VON REICH GOTTES UND WELT ALS LEBEN UND TOD

LOG 51 (Zum Kommen der Ruhe des Reichs Gottes)

1. ES SPRACHEN ZU IHM SEINE JÜNGER: WANN WIRD DIE RUHE DER TOTEN GESCHEHEN, UND WANN WIRD DIE NEUE WELT KOMMEN? 2. ER SPRACH ZU IHNEN: JENE (RUHE), DIE IHR ERWARTET, IST SCHON GEKOMMEN, ABER IHR ERKENNT SIE NICHT.

LOG 52 (Die alttestamentlichen Propheten und der lebendige Jesus)

1. ES SPRACHEN ZU IHM SEINE JÜNGER: VIERUNDZWANZIG PROPHETEN HABEN IN ISRAEL GESPROCHEN, UND ALLE HABEN DURCH DICH GESPROCHEN. 2. ER SPRACH ZU IHNEN: IHR HABT DEN LEBENDIGEN VON EUCH GESTOSSEN, UND IHR HABT ANGEFANGEN, VON DEN TOTEN ZU SPRECHEN.

LOG 53 (Die wahre Beschneidung)

1. ES SPRACHEN ZU IHM SEINE JÜNGER: IST DIE BESCHNEIDUNG VON NUTZEN ODER NICHT? 2. ER SPRACH ZU IHNEN: WENN SIE VON NUTZEN WÄRE, WÜRDE SIE IHR VATER BESCHNITTEN AUS IHRER MUTTER ZEUGEN.
3. JEDOCH DIE WAHRE BESCHNEIDUNG IM GEIST HAT VOLLEN GEWINN ERBRACHT.

LOG 54 (Seligpreisung der Armen)

JESUS SPRICHT: SELIG SIND DIE ARMEN. DENN EUCH GEHÖRT DAS KÖNIGREICH DER HIMMEL.

LOG 55 (Distanz von der Familie und dem Ego)

1. JESUS SPRACH: WER NICHT SEINEN VATER UND SEINE MUTTER HASSEN WIRD, WIRD MIR KEIN JÜNGER SEIN KÖNNEN. 2. UND WER NICHT SEINE BRÜDER UND SEINE

SCHWESTERN HASSEN WIRD UND NICHT SEIN KREUZ TRAGEN WIRD WIE ICH, WIRD MEINER NICHT WERT SEIN.

LOG 56 (Die Welt und ihre Todesmächte)

1. JESUS SPRACH: WER DIE WELT ERKANNT HAT, HAT EINE LEICHE GEFUNDEN. 2. UND WER DIESE LEICHE GEFUNDEN HAT, DESSEN IST DIE WELT NICHT WÜRDIG.

LOG 57 (Gleichnis vom Unkraut unter dem Weizen)

1. JESUS SPRACH: DAS KÖNIGREICH DES VATERS GLEICHT EINEM MENSCHEN, DER GUTEN SAMEN HATTE. 2. SEIN FEIND KAM IN DER NACHT. ER SÄTE LOLCH UNTER DEN GUTEN SAMEN. 3. DER MENSCH LIESS SEINE LEUTE NICHT DEN LOLCH AUSREISSEN. ER SPRACH ZU IHNEN: DASS IHR NUR NICHT HINGEHT, UM DEN LOLCH AUSZUREISSEN UND IHR DANN DEN WEIZEN ZUSAMMEN MIT IHM AUSREISST.
4. DENN AM TAGE DER ERNTE WIRD DER LOLCH SICHTBAR WERDEN; ER WIRD HERAUSGERISSEN UND VERBRANNT WERDEN.

LOG 58 (Seligpreisung der Leidenden)

JESUS SPRACH: SELIG IST DER MENSCH, DER GELITTEN HAT. ER HAT DAS LEBEN GEFUNDEN.

LOG 59 (Jesus als Lebendiger)

JESUS SPRACH: SCHAUT AUS NACH DEM LEBENDIGEN, SOLANGE IHR LEBT, DAMIT IHR NICHT STERBT UND IHN DANN ZU SEHEN SUCHT UND IHN NICHT SEHEN KÖNNT.

LOG 60 (Leben durch Suche nach der Ruhe)

1. (ER SAH) EINEN SAMARITANER, DER EIN LAMM TRUG, ALS ER AUF DEM WEG NACH JUDÄA WAR. 2. ER SPRACH ZU SEINEN JÜNGERN: WAS WILL DIESER MIT DEM LAMM MACHEN? 3. SIE SPRACHEN ZU IHM: ER WILL ES TÖTEN UND ESSEN. 4. ER SPRACH ZU IHNEN: SOLANGE ES LEBT, WIRD ER ES NICHT ESSEN, SONDERN ERST, WENN ER ES GETÖTET HAT UND ES EINE LEICHE GEWORDEN IST. 5. SIE SPRACHEN: AUF ANDERE WEISE WIRD ER ES NICHT TUN KÖNNEN. 6. ER SPRACH ZU IHNEN: SUCHT AUCH IHR NACH EINEM ORT ZUR RUHE FÜR EUCH, DAMIT IHR NICHT ZU LEICHEN WERDET UND IHR VERZEHRT WERDET.

LOG 61 (Tod und Leben sowie Jesu Gespräch mit Salome: Jesus als der Sohn)

1. JESUS SPRACH: ZWEI WERDEN AUF EINER LIEGE RUHEN. DER EINE WIRD STERBEN, DER ANDERE WIRD LEBEN.
2. SALOME SPRACH: WER BIST DU, MANN, DER WIE AUS DEM EINEN IST? DU HAST AUF MEINER LIEGE PLATZ GENOMMEN UND HAST VON MEINEM TISCH GEGESSEN.

3. JESUS SPRACH ZU IHR: ICH BIN DER, DER AUS DEM GLEICHEN STAMMT. MIR IST GEGEBEN WORDEN VON DEM, WAS MEINES VATERS IST. – 4. ICH BIN DEINE JÜNGERIN! – 5. DESWEGEN SAGE ICH: WENN EINER [GLEICH] IST, WIRD ER SICH MIT LICHT FÜLLEN. WENN ER ABER GETRENNT IST, WIRD ER SICH MIT FINSTERNIS FÜLLEN.

E. VON DEN GEHEIMNISSEN UND ANSTÖSSEN DER GOTTESHERRSCHAFT

LOG 62 (Die Geheimnisse Jesu)

1. JESUS SPRACH: ICH SAGE MEINE GEHEIMNISSE DENEN, DIE MEINER GEHEIMNISSE WÜRDIG SIND. 2. WAS DEINE RECHTE TUN WIRD, DEINE LINKE SOLL NICHT WISSEN, WAS SIE TUT.

LOG 63 (Gleichnis vom törichten Reichen)

1. JESUS SPRACH: ES WAR EIN REICHER MENSCH, DER VIELE GÜTER HATTE. 2. ER SPRACH: ICH WERDE MEINE GÜTER GEBRAUCHEN, DASS ICH SÄE UND ERNTE, PFLANZE UND MEINE SCHEUNEN MIT FRUCHT FÜLLE, DAMIT ICH NICHT AN ETWAS MANGEL HABE. 3. DIES WAR ES, WAS ER IN SEINEM HERZEN DACHTE. UND IN JENER NACHT STARB ER. 4. WER OHREN HAT, SOLL HÖREN.

LOG 64 (Gleichnis vom großen Mahl)

1. JESUS SPRACH: EIN MENSCH HATTE GÄSTE. UND ALS ER DAS MAHL BEREITET HATTE, SCHICKTE ER SEINEN KNECHT, DAMIT ER DIE GÄSTE EINLADE. 2. ER KAM ZU DEM ERSTEN UND SPRACH ZU IHM: MEIN HERR LÄDT DICH EIN. 3. ER SPRACH: ICH HABE GELDFORDERUNGEN GEGEN-ÜBER KAUFLEUTEN. SIE WERDEN AM ABEND ZU MIR KOMMEN. ICH WERDE GEHEN UND IHNEN ANWEISUNGEN GEBEN. ICH ENTSCHULDIGE MICH FÜR DAS MAHL. 4. ER KAM ZU EINEM ANDEREN UND SPRACH ZU IHM: MEIN HERR HAT DICH EINGELADEN. 5. ER SPRACH ZU IHM: ICH HABE EIN HAUS GEKAUFT, UND MAN BITTET MICH FÜR EINEN TAG. ICH WERDE KEINE ZEIT HABEN. 6. ER GING ZU EINEM ANDEREN UND SPRACH ZU IHM: MEIN HERR LÄDT DICH EIN. 7. ER SPRACH ZU IHM: MEIN FREUND WIRD HEIRATEN, UND ICH BIN ES, DER DAS MAHL BEREITEN WIRD. ICH WERDE NICHT KOMMEN KÖNNEN. ICH ENT-SCHULDIGE MICH FÜR DAS MAHL. 8. ER KAM ZU EINEM ANDEREN UND SPRACH ZU IHM: MEIN HERR LÄDT DICH EIN. 9. ER SPRACH ZU IHM: ICH HABE EIN DORF GEKAUFT. DA ICH GEHE, DIE ABGABEN EINZUNEHMEN, WERDE ICH NICHT KOMMEN KÖNNEN. ICH ENTSCHULDIGE MICH.
10. DER KNECHT GING UND SAGTE SEINEM HERRN: DIE, DIE DU ZUM MAHL EINGELADEN HAST, HABEN SICH ENT-SCHULDIGT. 11. DER HERR SPRACH ZU SEINEM KNECHT: GEH HINAUS AUF DIE WEGE. DIE, DIE DU FINDEN WIRST, BRINGE MIT, DAMIT SIE MAHL HALTEN. 12. DIE KÄUFER UND DIE HÄNDLER WERDEN NICHT EINGEHEN ZU DEN ORTEN MEINES VATERS.

LOG 65 (Gleichnis von den bösen Winzern)

1. ER SPRACH: EIN (GÜTIGER) MENSCH BESASS EINEN WEINBERG. ER GAB IHN WINZERN, DAMIT SIE IHN BEARBEITETEN UND ER VON IHNEN SEINE FRUCHT ERHALTE. 2. ER SCHICKTE SEINEN KNECHT, AUF DASS DIE WINZER IHM DIE FRUCHT DES WEINBERGS GÄBEN. 3. SIE PACKTEN SEINEN KNECHT, SIE SCHLUGEN IHN, UND FAST HÄTTEN SIE IHN GETÖTET. DER KNECHT GING ZURÜCK, UND ER SAGTE ES SEINEM HERRN. 4. SEIN HERR SPRACH: VIELLEICHT HABEN SIE IHN NICHT ERKANNT. 5. ER SCHICKTE EINEN ANDEREN KNECHT, UND DIE WINZER SCHLUGEN AUCH DEN ANDEREN. 6. DANN SCHICKTE DER HERR SEINEN SOHN UND SPRACH: VIELLEICHT WERDEN SIE ACHTUNG VOR MEINEM SOHN HABEN. 7. JENE WINZER ABER, WEIL SIE WUSSTEN, DASS ER DER ERBE DES WEINBERGS IST, ERGRIFFEN IHN UND TÖTETEN IHN. 8. WER OHREN HAT, SOLL HÖREN.

LOG 66 (Der Sohn als Eckstein)

JESUS SPRACH: ZEIGT MIR DEN STEIN, DEN DIE BAULEUTE VERWORFEN HABEN. ER IST DER ECKSTEIN.

LOG 67 (Verfehlung des Reichs Gottes durch Gnosis)

JESUS SPRACH: WER DAS ALL ERKENNT, ABER SICH SELBST VERFEHLT, VERFEHLT DEN GANZEN ORT DES ALLS.

LOG 68 (Seligpreisung der Verfolgten)

1. JESUS SPRACH: SELIG SEID IHR, WENN SIE EUCH HASSEN UND EUCH VERFOLGEN. 2. UND SIE WERDEN KEINEN PLATZ AN DEM ORT FINDEN, AN DEM SIE EUCH VERFOLGT HABEN.

LOG 69 (Seligpreisung der Verängstigten und der Hungrigen)

1. JESUS SPRACH: SELIG SIND DIE, DIE VERFOLGT WURDEN IN IHREM HERZEN. JENE SIND ES, DIE DEN VATER IN WAHRHEIT ERKANNT HABEN. 2. SELIG SIND DIE HUNGRIGEN; DENN DER LEIB DESSEN WIRD GESÄTTIGT WERDEN, DER ES WÜNSCHT.

LOG 70 (Vom rechten Umgang mit den inneren Fähigkeiten)

1. JESUS SPRACH: WENN IHR JENES IN EUCH ERZEUGT, WIRD DAS, WAS IHR HABT, EUCH ERRETTEN. 2. WENN IHR JENES NICHT IN EUCH HABT, WIRD DAS, WAS IHR NICHT IN EUCH HABT, EUCH TÖTEN.

LOG 71 (Jesus und die Negierung der Welt)

JESUS SPRACH: ICH WERDE DIESES HAUS ZERSTÖREN, UND NIEMAND WIRD ES WIEDER ERBAUEN KÖNNEN.

LOG 72 (Jesus, kein Entzweier der Menschen)

1. EIN MENSCH SPRACH ZU IHM: SAGE MEINEN BRÜDERN, DASS SIE DEN BESITZ MEINES VATERS MIT MIR TEILEN SOLLEN. 2. ER SPRACH ZU IHM: O MENSCH, WER HAT MICH ZUM TEILER GEMACHT? 3. ER WANDTE SICH UM ZU SEINEN JÜNGERN UND SPRACH ZU IHNEN: BIN ICH ETWA EIN TEILER?

LOG 73 (Zu wenig Arbeiter in der Ernte des Reichs Gottes)

JESUS SPRACH: DIE ERNTE IST ZWAR GROSS, ES SIND ABER WENIGE ARBEITER DA. BITTET ABER DEN HERRN, DASS ER ARBEITER ZUR ERNTE AUSSENDE!

LOG 74 (Niemand am Wasser des Lebens)

ER SPRACH: HERR, ES SIND VIELE UM DEN BRUNNEN HERUM, ABER NIEMAND IST IM [BRUNNEN].

LOG 75 (Die Einsgewordenen im Brautgemach des Reichs Gottes)

JESUS SPRACH: VIELE STEHEN VOR DER TÜR, ABER DIE EINZELNEN SIND ES, DIE IN DAS BRAUTGEMACH EIN-GEHEN WERDEN.

LOG 76 (Gleichnis von der Perle)

1. JESUS SPRACH: DAS KÖNIGREICH DES VATERS GLEICHT EINEM KAUFMANN, DER EINE WARENLADUNG HATTE. ER FAND EINE PERLE. 2. DER KAUFMANN WAR KLUG. ER VERKAUFTE DIE WARENLADUNG UND KAUFTE SICH EINZIG DIE PERLE. 3. SUCHT AUCH IHR NACH SEINEM SCHATZ, DER NICHT VERDIRBT, DER VIELMEHR BLEIBT, WO KEINE MOTTE HINKOMMT, UM IHN ZU FRESSEN, UND KEIN WURM IHN ZERSTÖRT.

F. VOM REICH GOTTES UND DER PERSON JESU

LOG 77 (Jesus als Licht über allem und als All)

JESUS SPRACH: ICH BIN DAS LICHT, DAS ÜBER ALLEM IST. ICH BIN DAS ALL. AUS MIR IST DAS ALL HERAUS-GEGANGEN, UND ZU MIR IST DAS ALL GELANGT.

LOG 78 (Jesus in irdischer Einfachheit)

1. JESUS SPRACH: WESHALB SEID IHR HERAUSGEGANGEN AUFS FELD? UM EIN SCHILFROHR ZU SEHEN, DAS DURCH DEN WIND BEWEGT WIRD? 2. UND UM EINEN MENSCHEN ZU SEHEN, DER WEICHE KLEIDER TRÄGT WIE EURE KÖNIGE UND EURE MÄCHTIGEN? 3. SIE TRAGEN WEICHE KLEIDER UND WERDEN DIE WAHRHEIT NICHT ERKENNEN KÖNNEN.

LOG 79 (Hören auf Jesu Worte statt Mutterkult)

1. EINE FRAU AUS DER MENGE SPRACH ZU IHM: HEIL DEM LEIB, DER DICH GETRAGEN HAT, UND DEN BRÜSTEN, DIE DICH GENÄHRT HABEN. 2. ER SPRACH ZU IHR: HEIL DENEN, DIE DAS WORT DES VATERS GEHÖRT HABEN UND ES IN WAHRHEIT BEACHTET HABEN. 3. DENN ES WIRD TAGE GEBEN, AN DENEN IHR SAGEN WERDET: HEIL DEM LEIB, DER NICHT EMPFANGEN HAT, UND DEN BRÜSTEN, DIE KEINE MILCH GEGEBEN HABEN.

LOG 80 (Die Welt als Ort des Todes)

1. JESUS SPRACH: WER DIE WELT ERKANNT HAT, HAT DEN LEICHNAM GEFUNDEN. 2. WER ABER DEN LEICHNAM GEFUNDEN HAT, DESSEN IST DIE WELT NICHT WÜRDIG.

LOG 81 (Leben wie ein freigiebiger König)

1. JESUS SPRACH: WER REICH GEWORDEN IST, SOLL (WIE EIN) KÖNIG SEIN. 2. UND WER MACHT HAT, SOLL IHR ENTSAGEN.

LOG 82 (Nähe und Ferne zu Jesus)

1. JESUS SPRACH: WER MIR NAHE IST, IST DEM FEUER NAHE. 2. UND WER MIR FERN IST, IST DEM KÖNIGREICH FERN.

G. VOM NEUEN MENSCHEN UND DER NEUEN WELT DES REICHS GOTTES

LOG 83 (Die sichtbaren Bilder des Menschen und das Licht in ihnen)

1. JESUS SPRACH: DIE BILDER SIND DEM MENSCHEN SICHTBAR, ABER DAS LICHT IN IHNEN IST VERBORGEN IN DEM BILD VOM LICHT DES VATERS. 2. ES WIRD SICH OFFENBAREN, ABER SEIN BILD BLEIBT VERBORGEN DURCH SEIN LICHT.

LOG 84 (Die Abbilder des Menschen und die Urbilder)

1. JESUS SPRACH: WENN IHR EURE ABBILDER SEHT, FREUT IHR EUCH. 2. WENN IHR ABER EURE BILDER SEHEN WERDET, DIE VOR EUCH ENTSTANDEN UND DIE WEDER STERBEN NOCH ERSCHEINEN, WIEVIEL WERDET IHR ERTRAGEN?

LOG 85 (Adam und die Menschen des Reichs Gottes)

1. JESUS SPRACH: AUS EINER GROSSEN MACHT UND EINEM GROSSEN REICHTUM IST ADAM ENTSTANDEN. ABER ER WURDE EUER NICHT WÜRDIG. 2. DENN WENN ER EUER WERT GEWORDEN WÄRE, DANN HÄTTE ER DEN TOD NICHT GESCHMECKT.

LOG 86 (Der Menschensohn in seiner Heimatlosigkeit)

1. JESUS SPRACH: DIE FÜCHSE HABEN IHRE HÖHLEN, UND DIE VÖGEL HABEN IHR NEST. 2. ABER DER SOHN DES MENSCHEN HAT KEINEN ORT, SEIN HAUPT HINZULEGEN UND AUSZURUHEN.

LOG 87 (Die Gefahr der Abhängigkeit der Menschen)

1. ES SPRACH JESUS: ELEND IST DER LEIB, DER AN EINEM LEIBE HÄNGT. 2. UND ELEND IST DIE SEELE, DIE AN DIESEN BEIDEN HÄNGT.

LOG 88 (Die Gaben der Boten und Propheten und die Aufgaben der Jünger)

1. JESUS SPRACH: DIE BOTEN WERDEN ZU EUCH KOMMEN UND DIE PROPHETEN, UND SIE WERDEN EUCH DAS GEBEN, WAS EUCH GEHÖRT. 2. UND IHR EURERSEITS GEBT IHNEN DAS, WAS IN EURER HAND IST UND SAGT ZU EUCH: WANN WERDEN SIE KOMMEN UND DAS NEHMEN, WAS IHNEN GEHÖRT?

LOG 89 (Kritik Jesu an den kultischen Reinheitsvorschriften)

1. JESUS SPRACH: WESHALB WASCHT IHR DIE AUSSEN-SEITE DES BECHERS? 2. VERSTEHT IHR NICHT, DASS DER, DER DIE INNENSEITE GESCHAFFEN HAT, AUCH DER IST, DER DIE AUSSENSEITE GESCHAFFEN HAT?

LOG 90 (Jesu sanfte Weisungen)

1. JESUS SPRACH: KOMMT ZU MIR, DENN SANFT IST MEIN JOCH, UND MEINE HERRSCHAFT IST MILD. 2. UND IHR WERDET RUHE FINDEN FÜR EUCH.

LOG 91 (Die Weisung aus dem gegenwärtigen Augenblick)

1. SIE SPRACHEN ZU IHM: SAGE UNS, WER DU BIST, DAMIT WIR AN DICH GLAUBEN. 2. ER SPRACH ZU IHNEN: IHR PRÜFT DAS ANGESICHT DES HIMMELS UND DER ERDE. DOCH DAS, WAS VOR EUCH LIEGT, HABT IHR NICHT ERKANNT, UND DIESEN AUGENBLICK WISST IHR NICHT ZU PRÜFEN.

LOG 92 (Über das Suchen und Finden)

1. JESUS SPRACH: SUCHT UND IHR WERDET FINDEN.
2. ABER DAS, WAS IHR MICH DAMALS GEFRAGT HABT UND ICH EUCH AN JENEM TAGE NICHT GESAGT HABE, WILL ICH EUCH JETZT SAGEN, DOCH IHR SUCHT NICHT DANACH.

LOG 93 (Warnung vor Missbrauch der Heilsbotschaft)

1. GEBT DAS HEILIGE NICHT DEN HUNDEN, DAMIT SIE ES NICHT AUF DEN MISTHAUFEN WERFEN. 2. WERFT NICHT DIE PERLEN DEN SCHWEINEN HIN, DAMIT SIE (SIE) NICHT ZU (DRECK) MACHEN.

LOG 94 (Anklopfen und Öffnen)

1. JESUS SPRACH: WER SUCHT, WIRD FINDEN. 2. WER ANKLOPFT, DEM WIRD GEÖFFNET WERDEN.

LOG 95 (Aufruf zum Geben ohne Zins- und Rückgabeforderung)

1. JESUS SPRACH: WENN IHR GELD HABT, GEBT ES NICHT GEGEN ZINS. 2. VIELMEHR GEBT (ES) DEM, VON DEM IHR ES NICHT ZURÜCK ERHALTEN WERDET.

LOG 96 (Gleichnis von der Frau mit dem Sauerteig)

1. JESUS SPRACH: DAS KÖNIGREICH DES VATERS GLEICHT EINER FRAU. 2. SIE NAHM EIN WENIG SAUERTEIG. SIE VERBARG IHN IM MEHL UND MACHTE DARAUS GROSSE BROTE. 3. WER OHREN HAT, SOLL HÖREN.

LOG 97 (Gleichnis von der Frau mit dem leeren Krug)

1. JESUS SPRACH: DAS KÖNIGREICH DES VATERS GLEICHT EINER FRAU, DIE EINEN KRUG TRÄGT, ANGEFÜLLT MIT MEHL. 2. WÄHREND SIE AUF DEM WEG GING, WEIT ENT-FERNT VON ZU HAUSE, BRACH DER HENKEL DES KRUGS, UND DAS MEHL RIESELTE HINTER IHR AUF DEN WEG. 3. SIE WUSSTE ES JEDOCH NICHT, SIE HATTE KEIN MISSGE-SCHICK WAHRGENOMMEN. 4. ALS SIE IN IHR HAUS GELANGT WAR, STELLTE SIE DEN KRUG AUF DEN BODEN UND FAND IHN LEER.

LOG 98 (Gleichnis vom Attentäter)

1. JESUS SPRACH: DAS KÖNIGREICH DES VATERS GLEICHT EINEM MANN, DER EINEN MÄCHTIGEN MANN TÖTEN WOLLTE. 2. ER ZÜCKTE DAS SCHWERT IN SEINEM HAUS UND STIESS ES IN DIE WAND, DAMIT ER ERFAHRE, OB SEINE HAND STARK GENUG SEI. 3. DANN TÖTETE ER DEN MÄCHTIGEN.

LOG 99 (Die Gemeinde des Reichs Gottes)

1. DIE JÜNGER SPRACHEN ZU IHM: DEINE BRÜDER UND DEINE MUTTER STEHEN DRAUSSEN. 2. ER SPRACH ZU IHNEN: DIESE HIER, DIE DEN WILLEN MEINES VATERS TUN, DIE SIND MEINE BRÜDER UND MEINE MUTTER. 3. SIE SIND ES, DIE IN DAS KÖNIGREICH MEINES VATERS EINGEHEN WERDEN.

LOG 100 (Das Recht des Kaisers und das Recht Gottes und Jesu)

1. SIE ZEIGTEN JESUS EINE GOLDMÜNZE UND SPRACHEN ZU IHM: DIE ZUM KAISER GEHÖREN, FORDERN VON UNS STEUERN. 2. ER SPRACH ZU IHNEN: GEBT DEM KAISER, WAS DES KAISERS IST. 3. GEBT GOTT, WAS GOTTES IST. 4. UND DAS, WAS MEIN IST, GEBT MIR.

LOG 101 (Abstand zur Familie und Zuwendung zu Gott als Vater und Mutter)

1. WER NICHT SEINEN VATER UND SEINE MUTTER HASSEN WIRD WIE ICH, WIRD MIR NICHT JÜNGER SEIN KÖNNEN. 2. UND WER SEINEN VATER UND SEINE MUTTER NICHT LIEBEN WIRD WIE ICH, WIRD MIR NICHT JÜNGER SEIN KÖNNEN. 3. DENN MEINE MUTTER, DIE MICH (GEBOREN HAT, HAT MICH DEM TODE AUSGELIEFERT), MEINE WAHRE MUTTER ABER GAB MIR DAS LEBEN.

LOG 102 (Warnung vor Ausbeutung durch die Volksführer)

JESUS SPRACH: WEHE IHNEN, DEN PHARISÄERN, DENN SIE GLEICHEN EINEM HUND, DER AUF DEM FUTTERTROG DER RINDER LIEGT; DENN WEDER FRISST ER NOCH LÄSST ER DIE RINDER FRESSEN.

LOG 103 (Seligpreisung der Kämpfer gegen die Welt)

JESUS SPRACH: SELIG IST DER MENSCH, DER WEISS, IN WELCHEM TEIL (DER NACHT) DIE RÄUBER HEREIN-KOMMEN WERDEN, DAMIT ER AUFSTEHE, SEINEN (HERRSCHAFTSBEREICH) SAMMLE UND SEINE LENDEN GÜRTE, BEVOR SIE HEREINKOMMEN.

LOG 104 (Kritik an Gebets- und Fastenvorschriften)

1. SIE SPRACHEN ZU JESUS: KOMM, LASST UNS HEUTE BETEN UND FASTEN! 2. JESUS SPRACH: WAS IST DENN DIE

Der vorliegende Kommentar des 1945 in Nag Hammadi entdeckten
Thomas-Evangeliums besteht aus einer Einleitung, Kriterien für die
Erforschung des historischen Jesus sowie einer ausführlichen
Kommentierung aller 114 Logien des Thomas-Evangeliums. Er tritt
der Behauptung einer gnostischen Herkunft der Logien entgegen und
widerspricht auch der Abhängigkeit des Thomas-Evangeliums von den
Synoptikern oder auch dem Johannes-Evangelium. Im Zuge einer
redaktions-, traditions- und formgeschichtlichen Untersuchung der
einzelnen Logien kommt er vielmehr zu dem Ergebnis, dass das
Evangelium aus gegenüber den biblischen Evangelien selbstständigen Traditionen herrührt und in den Raum eines früheren Juden-
christentums gehört. Es enthält in einer Reihe von Fällen Überlieferungen, die mit erheblicher Wahrscheinlichkeit auf den historischen
Jesus zurückgeführt werden können oder ihm jedenfalls nahe stehen.

DAS THOMAS-EVANGELIUM

EINLEITUNG ZUR FRAGE DES HISTORISCHEN JESUS
KOMMENTIERUNG ALLER 114 LOGIEN
von Reinhard Nordsieck,
424 Seiten (Hardcover), € 45,00, ISBN: 9783754323878